4주 완성
독학골프

스윙 그리고 어프로치 퍼팅까지

"백돌이 탈출을 위한 눈높이 정석골프"

이달호 지음

도서출판 惣絪圓

🏌 들어가는 말

비기너 당시 2~3년간 실내외 5~6명 지역 골프코치들에게, 수모를 당한 경험이 책을 쓰는 계기가 되었다. 열등생처럼 연습장 제일 끝 타석, 샷 한 공이 그물에 닿는 코너에서 무조건 똑딱이를 시키면서, 어제보다 좋아졌다는, 이해할 수 없는 말로 시간을 끌어가던 그들을 생각하면 지금도 분노를 삭이기 어렵다.

골프 전문가들이 이 책의 수준을 비아냥댈 수는 있으나, 비기너를 대상으로 한 커리큘럼도 눈높이 책도 없고, 골프를 체계적으로 배웠는지 의심스러운 코치들이, 골프 빼곤 다 잘하는 고객들에게 존경하고 감사하기는커녕, 거꾸로 수모를 주는 현실을 방관한 것에 대하여 깊이 반성하는 계기가 되었으면 한다.

가장 기본적인 스윙을 이해하고 배우도록 했다. 필자도 체계적인 코치를 받았거나, 연일 필드를 나가며 치열한 연습을 하는 사람은 아니다. 보기골퍼 수준을 넘지 못한다. 다만 장시간 혼자 고민한 결과, 주말골퍼로 즐기는 수준의 스윙이란 너무나 단순하다는 것을 이해했기에 공유하는 것뿐이다.

수준 미달 생계형 코치에 시간 낭비와 수모를 당하느니, 이 책을 통해 골프에 입문하는 것이 훨씬 쉽고 빠를 것이다. 4주, 딱 한 달이 소요된다.

실내 연습장 4주로 어프로치 퍼터까지 완성 후, 실내외 연습장을 병행하며 연속 동작과 스피드를 높인 리듬 스윙까지 8주를 더한 후 필드를 나가면, 신속하게 백돌이를 탈출하고, 조만간 보기골퍼 진입이 어렵지 않을 것이다.

책부터 천천히 완독 후 연습에 임해야 한다. 혼자 시작하기보다 지인들과 함께하면 지루하지 않고, 콘텐츠에 대한 이해도 빠를 것이다.

출판하는 데 도움을 주신 김윤중 선배, 서호석 실장, 친구 최형규, 아내 직장 후배로 내가 "형님"이지만, 거꾸로 "형님" 같은 박흥수 님, 무모한 도전을 격려해준 차민기 선배, 유철희, 최광규, 구정회 농구교실에 힘이 되어주는 다조은병원 황대희 원장, 그리고 기아 이무정 사장께 감사드린다. 끝으로 공군 상우, 해군 정우 무운을 빌며……

2022년 6월

이 달 호

🏌️ 목차

Part **1**

독학골프 사전지식

Part ❶
독학골프 사전지식

① 골프 클럽

골프 클럽은 내내 거론될 수밖에 없다. 중요한 명칭은 미리 외워두고 가야 한다. 드라이버나 우드, 그리고 유틸리티 클럽은 속이 비어 있고, 납작한 형태여서 위와 아래 면적이 크다. 이 클럽들의 위를 덮은 부위는 크라운이라 한다. 다른 부분의 명칭은 다른 클럽과 같다.

| 드라이버 | 페어웨이우드 | 유틸리티 | 아이언 | 웨지 | 퍼터 |

※ 본 책의 골프 클럽 및 클럽 이미지는 핑골프에서 제공 받아 제작 되었습니다.

아이언은 5번부터 9번까지 5개, 웨지는 핏지(P), 어프로치(A), 샌드(S) 세 가지 정도를 대부분 사용하지만, 아이언도 1번부터 4번이 있다. 스윙이 비교적 어렵고, 페어웨이우드나 유틸리티로 대용이 되니, 실질적으론 사장되어 있다. 어프로치 웨지는 통상적으로 샌드 포함 56도, 58도, 60도가 있다. 클럽의 각도는 샤프트와 헤드페이스가 기울어진 정도인 로프트각을 기준으로 한다.

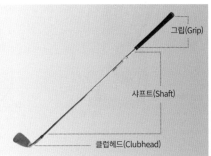

토우는 클럽의 앞부위, 크라운은 위에 설명한 것처럼 아이언은 해당이 안 된다. 아이언은 해당 부위를 탑라인이라 칭한다. 솔은 클럽의 바닥이다. 힐은 샤프트와 닿은 부분이며, 호젤은 샤프트와 헤드가 연결된 부위다.

그르부(Groove)는 공에 스핀을 주는 헤드페이스에 그어져 있는 가로로 난 홈이다.

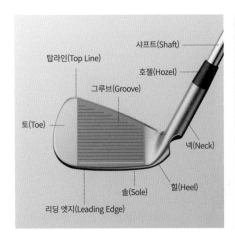

모든 클럽의 바닥은 솔이다. 아랫부분 땅과 닿는 부분이다. 아이언의 솔은 엣지처럼 날카롭다. 웨지는 솔의 뒷부분이 둥글게 되어 있다. 이것으로 바닥의 잔디나 모래를 부드럽게 쓸며 지나간다. 이것이 바운스 부위다. 바운스는 어프로치샷의 핵심이다.

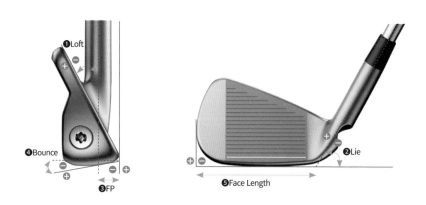

라이각은 솔 전체가 바닥에 닿게 클럽을 두고, 헤드페이스 쪽에서, 본 경우 바닥(지면)과 샤프트가 이루는 각도이다. 이때 샤프트와 헤드가 만나는 지점이 힐이고. 반대쪽 헤드의 끝이 토우다. 라이각은 샤프트가 길수록 더 작다. 공과 더 멀어지니 샤프트가 기울어지기 때문이다.

	우드 클럽	아이언 클럽
범위	드라이버: 8.5 ~ 12° 페어웨이우드: 15 ~ 24° 유틸리티: 18 ~ 29°	아이언: 22 ~ 44° 웨지: 45 ~ 64°
위치	로프트각	로프트각

로프트각은 위처럼 클럽을 바닥에 두고, 샤프트를 바닥(지면)과 수직으로 세운 후, 헤드페이스 면의 기울기와 수직으로 세운 샤프트와의 각도다. 로프트각도가 작다면 수직에 가까운 헤드페이스로, 공 옆을 때릴 수밖에 없으며, 공을 중앙보다 왼쪽에 두어야 한다. 아울러 옆을 때려 멀리 보내는 용도다. 로프트각이 높을수록 공을 오른쪽에 두어 눌러 맞히며, 공 밑을 파고들어 그루브를 타고 공을 띄워 올린다. 덜 구르니 착지할 포인트에 떨어뜨리는 용도다.

드라이버부터 5번 아이언까지 공을 중앙보다 왼쪽에 두고, 아이언은 6, 7번을 중앙에 숫자가 높아지며 공 한 개씩 우측으로 둔다. 드라이버는 헤드페이스 면적이 커서, 공을 바닥에 두면 스윗스팟에 공을 맞힐 수 없으니 티에 올려두고 샷을 한다. 어프로치용도 클럽은 샌드(S) 등으로 표시도 하지만, 솔 부분에 두 자리 숫자를 표기하는데(56, 58, 60 등), 이것이 바로 로프트각을 의미한다.

스윗스팟은 헤드페이스 중 공이 가장 강력하고 정확하게 날아가도록 맞히는 부위다. 아래 사진에 표시된 부분으로 아이언, 드라이버, 그리고 퍼터가 다르다. 아이언은 내려오며 누르듯 임팩트되니, 아랫부분이 되고 드라이버는 올려치며, 로프트각이 적어 옆으로 공을 맞히니 중앙 부분이다. 퍼터는 종류별로 다르다.

2 스윙 단계

본문에서 가장 많이 인용되는 단어들이다.

❶ 어드레스 혹은 셋업(Address or Setup)

클럽을 쥐고, 척추를 적당히 숙
이고, 공을 내려 보며, 클럽 헤드
를 공 옆에 두고, 적정한 스탠스
로, 알맞게 무릎을 굽힌 상태로
스윙이 준비된 자세다.

❷ 테이크어웨이(Take Away)

스윙의 시작으로 어드레스 자세
에서 공 옆에 놓인 클럽의 헤드
가 백스윙을 위해 처음 들리는
순간부터, 우측으로 8시 방향까
지 진행된 상태다. 백스윙의 성
공 여부가 여기에 달려 있다. 스
윙 중 가장 중요한 단계다. 필자
는 One piece take away, 즉 손,
팔, 그리고 몸이 일체가 되어 움
직이는 것이 맞고, 여기서의 헤
드 방향이 골반의 움직임을 좌우
한다고 생각한다.

❸ 하프웨이(Halfway of swing)

시선은 공에 두고 백스윙이 더
진행되어, 클럽이 우측으로 지면
과 수평이 된 상태로, 스윙과 함
께 손목이 돌아 헤드의 토우가
하늘을 본다.

❹ 암리프트 혹은 코킹(Arm lift or coking)

양손 그립 모양이 완성되어, 백스
윙 탑까지 그대로 올라가는 단계
다. 왼손이 엄지 쪽으로 꺾인 힌
지와 오른손이 손등으로 꺾인 코
킹으로 클럽이 수직으로 선 후 뒤
로 약 45도 전후로 누운 상태다.
정면 사진은 클럽이 수직으로 서
있는 것처럼 보인다. 스냅 효과가
포함된 손목의 자세로 임팩트 직
전까지 유지된다. 필자는 암리프
트 단계에서, 대칭 스윙을 연습한
다. 실질적인 스윙의 전부다.

❺ 백스윙 탑(Top of Swing)

암리프트 자세 그대로, 오직 허
리와 골반을 한계까지 추가로 뒤
로 돌려 비틀린 상태다. 백스윙
의 정점이자 다운스윙의 시발점
이다.

❻ 다운스윙(Downswing)

다운스윙은 골반을 회전하며 겨
드랑이를 붙여, 몸과 팔이 함께
돌고, 그립으로 클럽을 후크처럼
걸어 헤드의 궤도를 그린다. 골
반이 원심력을 만들며 돌아가는
가장 작은 원이다. 몸, 팔, 그리고
클럽이 점점 더 큰 원을 그리지
만, 겨드랑이가 붙어 골반과 동
시에 돌아가니 가장 밖의 큰 원
을 그리는 헤드의 스피드는 가공
할 파워를 가진다.

❼ 임팩트(Impact)

클럽 헤드가 공에 맞는 순간이
다. 샤프트가 짧고 로프트각이
클수록 샤프트도 더 기울어, 어
드레스와 임팩트는 핸드퍼스트
가 된다. 공을 때리는 순간이 아
닌, 궤도가 지나가는 길에 공이
놓여 있다고 생각하는 것이 맞
다. 본문에서 설명한다.

❽ 팔로 스루(Follow Through)

임팩트된 후도 몸은 계속 돌아간
다. 아울러 클럽도 따라 돌고, 원
심력도 남아 있다. 상체는 왼쪽
으로 대칭이 되며, 하체는 오른
쪽 발이 왼쪽으로 돌아가며, 몸
과 클럽이 뒤로 돌아가는 회전
에 저항하지 않는다. 팔로 스루
는 몸이 회전하며, 클럽을 끌고
뒤로 돌아가는 회전의 연속이며,
클럽을 직선으로 던지는 스윙은
안 된다.

❾ 피니시(Finish)

풀스윙의 마지막으로 정지된 폼
이다.

필자는 위와 같은 9단계로, 연습과정을 전개하였다. 하프웨이나 암리프트란 단어가 애매하지
만, 몸을 쓰는 백스윙을 배우기 위한, 단계를 구분하기 위한 것으로 이해하면 되고, 특히 암리
프트에서 대칭스윙으로 실질적인 골프 스윙은 모두 전개된다.

3 용어 정리

단어 순서로 정리하지 않았다. 순서별 정리는 매체나 용어 사전에서 쉽게 찾을 수 있고, 좋은 자료들이 너무나 많다. 여기는 용어를 다 넣기보다, 보기골퍼가 알아야 할 기본적인 용어를 중심으로, 단어장이 아닌 행위와 장소로 구분하여, 용어를 전혀 모를 때도 일목요연하게 볼 수 있도록 하였으나, 장단점이 있다고 본다. 필자가 처음 시작할 때 이런 식으로 정리된 자료 가 있었으면 하던 바람을 기억했을 뿐이다.

1. 골프코스

홀(Hall)을 한 구역으로 18홀로 구성되며, 파3-4홀, 파4-10홀, 파5-4홀이다.
파(Par)란 매 홀의 기준 타수로, 파3는 세 번째, 파4는 네 번째, 그리고 파5는 다섯 번째 샷으 로 홀컵 안에 홀인을 해야 파로 경기를 마친 것이다. 그래서 이븐파라 하면, 18홀의 기준 타수 인 파의 합계와 같은 72타로 경기를 마친 것을 말한다. 물론 매 홀마다 파를 기록하지 않아도, 오버파 언더파 등 +- 합이 72타란 의미다.

파4홀

18홀

정확하게 72타를 친 경우 이븐(Even)파, 72타보다 더 적게 치고 끝내면 언더(Under)파, 그리고 기준 타수를 초과하여 치면 오버(Over)파라 한다. 74타로 끝나면 투오버파, 69타로 끝나면 쓰리언더파가 된다. 백돌이는 28개 이상 오버파를 기록하는 경우로 기준 타수를 더하면 백타가 넘는 골퍼 등을 총칭한다. 참고로 챔피온코스(공식홀)는 18홀이 6,500야드 이상이며, 18홀 면적은 대개 20~30만 평의 부지가 필요하다. 1야드는 0.9144m로 대략 6,500야드라면 10%를 뺀 5,800m 수준으로 보면 된다. 외국의 경기를 볼 때 야드라는 단어가 나오면 10%를 빼면 m로 환산된다.

골프코스 관련 용어는 매홀 첫 타를 치는 티그라운드부터, 홀컵이 있는 그린까지 걸어가며 안내하는 것처럼 순서를 나열하였다.

1) 티잉그라운드(Teeing Ground) / 티박스(Tee Box) / 티잉존(Teeing Zone)

모두 매홀 첫 샷, 즉 티샷하는 장소를 말하는 유사단어다. 참고로 파5, 파4 홀은 거리가 있어, 주로 드라이버로 티샷을 하지만, 파3는 150m 내외로 아이언으로 한다. 클럽 선택은 골퍼의 몫이다.

2) 티잉그라운드 종류

홀컵까지 거리별 5가지로 배치할 수 있다. 실력을 떠나 함께 플레이할 수 있도록 배려한 것이다. 같은 홀에서 함께 경기할 때 어린이, 여성, 그리고 남성 등 장타 능력에 따른 첫 타를 각기 수준에 맞는 티박스에서 시작할 수 있다. 색으로 표시한다. 홀컵과 가까운 것부터 나열한다.

그러나 일반적으로 남성들은 화이트티, 여성은 레드티에서 시작하며, 선수들은 블루티를 쓴다. 대개 3가지 티박스로 구성되어 있다.

- **레드티**: 레이디스티로 여성과 어린이 타석
- **옐로우티**: 프런트(Front)티라 하며 여성이나 고령자 타석
- **화이트티**: 레귤러티, 미들티로 일반 남성 타석
- **블루티**: 골드티 혹은 챔피언티로 선수나 그 수준 골퍼 타석
- **블랙티**: 최상위 타석으로 홀컵까지 가장 먼 타석

블루티와 블랙티는 프런트티의 상대어로 백티(Back Tee), 즉 가장 후방에 배치되어 프로들의 챔피언티, 토너먼트티로 코스의 정규거리는 이것을 기준으로 한다.

3) 티마크(Tee Mark)
티잉그라운드 위에 두 개를 설치, 출발라인처럼 가상의 선을 표시함과 동시에, 두 개의 티마크 안에 공을 놓고 티샷을 하라는 표시다. 홀컵을 바라보고 수평으로 배치한다. 가상의 티마크 라인을 넘겨 티를 꽂고 공을 두면, 배꼽이 나왔다고 놀림을 당하지만, 공식경기는 2벌타가 주어지고, 경우에 따라 실격도 가능하다.

티마크는 해당 골프장의 상징적 모양으로 만드는 경우가 많다. 예로 제주도라면, 현무암으로 만든 하루방 같은 것이다. 아울러 티마크도 반복되는 티샷으로 잔디가 훼손되니, 좌우 혹은 앞뒤로 이동하며 표시하는 것이 맞으나 편의상 매트를 깔아 두는 경우가 많다.

티마크라인을 넘기면 안 되나, 양쪽 티마크 안에서 페이웨이나 해저드 등 방향을 살펴가며, 좌우로 공을 두는 것은 상관없다.

4) 티업(Tee up) / 티오프(Tee off)
티업은 공을 Tee 위에 올려놓는 것, 티오프는 임팩트 순간(Tee는 도구 편에 있으나, 잔디에 꽂아 공을 올려놓고 치는 도구). 따라서 공식경기 개시 점은 티오프가 맞다. 다만 관용적으로 부킹 관련 대화는 티업을 시작하는 시간으로 쓴다. "티업이 7시, 클럽하우스에서 함께 조식 예정. 최소한 6시까지 도착하세요." 식으로 대화를 한다.

5) 티샷
매홀 티박스 내 첫 샷이다. 드라이버는 어퍼블로우로 칠 수밖에 없어, 긴 티를 사용하나 티박

스 내 첫 샷은 우드, 유틸리티, 아이언 등 모두 짧은 티 위에 공을 두고 치는 것이 허용된다. 바닥에 공을 두는 것보다 정타 확률이 높다. 티박스 외 지역은 티를 사용할 수 없다. 따라서 매 홀 첫 샷을 티샷으로 표현하다.

6) 레이아웃(Layout)

단어 그대로 골프코스의 설계다. 자연적인 멋을 살리거나 난이도 등 레이아웃은 천차만별이다. 난이도는 레이아웃 수준과 전혀 관계가 없다. 코스가 좌측이나 우측으로 구부러지게 설계된 홀은 개의 뒷발 모양이라 해서 'Dog Leg'라 불린다.

7) 아웃코스 / 인코스

클럽하우스로부터 멀어지며 나가는 길인 1홀부터 9홀은 아웃코스, 클럽하우스로 복귀하며 들어오는 길인 10홀부터 18홀은 인코스로, 전반부, 후반부란 의미로 쓰인다. 인코스와 아웃코스가 똑같은 9홀을 두 번 도는 골프장도 있다. 인코스와 아웃코스 사이에는 간식이나 잠깐의 휴식을 위한 그늘집이 있다.

8) 홀 길이

Long 홀은 파5 이상, Medium 파4 홀, Short 2500야드 이하 파3 홀을 말하나, 그린 위까지 대개 파5는 세 번째 샷에 올리는 것을 목표로 쓰리온, 파4 투온, 파3는 원온할 수 있는 매 홀의 그린까지 거리로 파 숫자와 관련 없이 롱홀 혹은 숏홀이란 단어를 쓴다. 예로 파3 홀이 홀 컵까지 130m라면 숏홀, 160m라면 롱홀이라고 할 것이다. 파4 홀이 10개로 거리도 다양할 수밖에 없어, 캐디의 롱홀과 숏홀 안내가 가장 많다. 400m 정도면 롱홀이다. 투온이 벅차기 때문이다. 350m 이하라면 숏홀이지만, 그만큼 해저드나 페어웨이가 좁거나 굽어서 블라인드홀(그린이 안 보임) 등 복병이 있을 것이다.

9) 페어웨이(Fairway)

티박스부터 퍼팅그린까지 올바른 경로로, 잔디가 짧게 관리 되고, 라이가 비교적 평탄한 곳이다. 좁거나 넓을 수 있다. 여기에 벙커가 있는 경우 페어웨이 벙커라고 하며, 빠지는 순간 런이 없어 거리를 손해보고, 샷이 편하지 않아 한 타를 더 잃기 쉽다. 티샷의 목적은 여기에 공을 떨어뜨려, 세컨샷을 원활하기 위함이며, 세컨샷이 그린을 노릴 수 있는 위치까지 고려한다. 물론 파3의 티샷은 원온, 한 번에 그린에 올리는 것이 목적이다.

10) 러프(Rough)

그린까지 가는 경로이긴 하나, 잔디를 관리하지 않아, 자연형태로 길고, 라이가 굴곡져서, 클럽을 선택하는 데 제한이 있고, 샷이 어려워진다. 나무나 바위 등 장애물이 있을 수도 있다. 대개 페어웨이 우측과 좌측은 러프다. 페어웨이 벙커나, 페어웨이 중앙을 가로지르는 워터해저드 주변도 러프인 경우가 대부분이다. 그린주변도 러프가 많다. 흙바닥은 베어 그라운드(Bare Ground)라 하며, 오히려 샷이 편하다.

11) 해저드(Hazard) / 벙커(Bunker)

물이 고인 워터해저드와 모래로 된 벙커가 있다. 해저드는 헤드를 바닥에 닿게 어드레스 하면 2벌타다. 근거는 치기 좋게 바닥을 조성한다는 의심이다. 최근 규정이 바뀌어, 고의성이 없다면 무벌타로 처리된다.

① 워터해저드는 단어 그대로 물이 고인 연못이다. 빠트리면 1벌 타로 OB와 같다. 플레이가 불가능하니 홀컵 방향으로, 공을 드롭하여 친다. 노란색 선이나 말뚝으로 표시한다. 페어웨이 측면 워터해저드는 측면(Lateral)해저드 혹은 병행 워터해저드라 하고 빨간색 표식이다.
한국 골프장 일반 고객의 경우, 드롭 등 어렵고 시간이 소요되는 것을 피하고, 해저드 티를 두어 드롭으로 간주하여 그곳에서 샷을 한다. 한 타만 손해를 보게 된다.

② 벙커는 모래로 만들어진 장애물이다. 워터해저드는 드롭 외에는 방법이 없지만, 벙커는 벌타 없이 샷을 할 수가 있다. 다만 벙커에 공이 떨어지는 순간, 공은 구르지 못하니 거리도 손해고, 턱에 공이 걸리는 등 다음 샷도 쉽지 않다. 페어웨이 벙커는 그것을 피해 티샷을 해야 하니, 티샷의 방향을 잡아준다고 하여 컬렉션(Collection) 벙커라고도 한다. 그린사이드 벙커는 페이스(Face)벙커라고도 하며 어프로치샷을 해야 한다. 벙커는 들어가서 샷을 하기 전, 프로처럼 각각 캐디가 있는 것이 아니므로, 정리할 도구를 진입 쪽에 먼저 두고 들어가야, 나오면서 가볍게 발자국 등을 평탄하게 할 수 있고, 그렇게 정리를 해야 한다.

인공적으로 조성되지 않은 모랫바닥은 웨이스트 벙커라 해서 페어웨이로 간주되어 클럽이 바닥에 닿아도 되고 낙엽, 자갈을 치울 수 있다. 벙커샷은 셋업 시 헤드가 모래에 닿으면 벌타가 주어진다.

벙커는 순기능이 있긴 하다. 티샷의 방향을 제대로 잡게 하고, 절벽이나 해변 등 공이 착지하면, 굴러가서 분실될 우려가 있는 곳에 만들어, 실타를 해도 공을 잡아주는 역할을 한다. 세이빙벙커라고 한다.

※ 캐쥬얼워터는 레이아웃(설계)에 의한 해저드가 아니라, 우천이나 기타 요인으로 잠시 물이 고인 곳으로, 벌타 없이 드롭하되, 홀컵 쪽으로 가깝지 않은 1클럽 길이 이내에 떨어뜨려야 한다.

12) 해저드티(Hazard Tee) / 오비티(Out of Bound Tee)

해저드티와 오비티는 외국이나 공식경기에는 없고, 한국 일반 고객들의 원할한 진행을 위해 존재한다. 규정대로 하면, 뒤 팀에 지장을 주니, 정상적인 샷을 한 것과 유사한 거리를 홀 쪽으로 전진한 곳에 두 개의 말뚝을 세워, 그 라인 안쪽에서 다음 샷을 할 기회를 준다.

해저드는 1벌타 드롭이 규정이나, 해저드 티로 이동한 것을 드롭으로 간주하여, 처음 미스샷까지 해저드 티샷은 세 타째가 된다. OB는 경계를 넘어간 볼이니 1벌타에, 제자리서 다시 쳐야하지만 OB 티까지 전진한 거리를 샷으로 간주 1타를 추가, 최초 미스샷까지 세 타를 잃고 OB티의 샷은 4타째가 된다. 공식경기에서 OB는 티샷을 한 번 더 친 후 첫 타가 OB로 확인되면, 1벌타 후 한 번 더 친 공으로 3번째 샷을 하며, 계속 게임을 한다.

13) 라이(Lie)

라이는 공이 떨어진 자리의 바닥 상태로, 수평, 요철, 경사면 등과 함께 벙커도 포함된다. 라이 상태에 따라 어드레스 자세는 물론 클럽선택도 달라진다. 평평해도, 오르막 라이(Uphill)나 내리막 라이(Downhill)는 3번 우드를 선택하기 어렵다. 거리 욕심보다 라이 상태에 따라 정확한 샷을 할 수 있는 클럽을 선택해야 한다. 레이아웃(설계)에 없던 의도하지 않은, 샷이 불가능한 라이(Unplayable Lie)는 무벌타 드롭을 해서 친다.

14) 그린(Putting Green)

퍼팅그린은 티샷부터 공을 올리는 목표지다. 잔디가 빼곡하고 짧게 잘라 공이 구르기 쉽도록 관리하는 것으로 유지비용이 많이 들고 전문 관리자가 필요하다. 고의로 언듈레이션(Undulation), 즉 굴곡과 기복을 만들고, 잔디를 다듬어 그린스피드를 빠르게 하기도 한다.

① 홀컵

그린 위에는 한 개의 직경이 108mm인 홀컵이 있고, 원칙상 모두 매홀 이곳에 홀인을 해야 홀아웃이 된다. 경기 흐름을 위해 클럽 길이 정도로 공이 홀컵에 붙으면, 홀인으로 인정하는 컨시드(Concede)로 배려하지만, 한 타를 더 해 기록된다. 홀컵은 금속이며, 퍼팅 라인을 따라, 그린이 손상되니 하루에도 몇 차례 구멍을 파고 이동시킨다. 경사면에 위치하면 넣기도 힘들고, 안 들어가면 반대쪽으로 원래 보다 더 멀어지기도 한다. 작은 구멍에 깃대를 세우니 핀홀 이라고도 한다.

• 홀컵에 깃발을 꽂아 멀리서도 홀컵 위치로 샷을 할 수 있게 한다. 깃발이 꽂혀 있는 상태로 퍼팅을 해도 된다.

② 퍼팅 라인

그린 위 언듈레이션을 잘 읽어, 홀인하기 위한 궤도를 말한다.

③ 브레이크포인트

퍼팅 라인을 구르는 공이 경사도 등 여러 요인으로 퍼팅 후 공이 꺾여 절묘하게 구르는 지점으로, "브레이크를 잘 읽어야 한다"로 표현한다.

④ 훅라인 / 슬라이스라인

그린의 경사도에 따라 퍼팅한 공이 가며 왼쪽으로 휘면 훅라인, 오른쪽으로 휘면 슬라이스라인으로 말한다.

⑤ 에이프런(Apron) 혹은 프린지(Fringe)

그린의 테두리. 잔디 길이가 페어웨이보다는 짧고 그린보다는 길다. 퍼터 사용 영역이다.

⑥ 블라인드 홀

페어웨이에서 그린이 안 보이는 것을 말한다. 환경이 그런 레이아웃을 해야 하는 부득이한 사정이 있거나, 고저가 심한 경우 낮아서 안 보일 수도 있다. 샷의 방향이 애매하니 좋지 않은 홀의 위치다.

※ 간혹 그린 두 개가 붙어 있어 번갈아 사용할 때, 홀컵이 없는 옆 그린에 공이 떨어진 경우는, 그린 밖으로 공을 드롭하여 어프로치샷을 해야 한다. 그린을 보호하기 위함이다.

15) 자연장애물(Loose impediment)
나뭇잎, 나뭇가지, 돌 등 해저드가 아닌 곳은 제거해도 된다.

16) 스루 더 그린(Through The Green) = 일반지역(General Area)
티잉그라운드, 그린, 그리고 해저드 3곳을 제외한 지역이다. 페어웨이와 러프로 그린으로 통하는 올바른 경로다. 자연 혹은 인공장애물은 제거할 수 있다. 움직이는 깡통, 담배꽁초 등도 벌타 없이 제거할 수 있다. 공이 장애물 위에 있는 경우, 장애물을 제거한 뒤 홀에 더 가까이 가지 않는 범위에 드롭한다. 움직일 수 없는 장애물, 스프링클러, 배수로 뚜껑, 카트 도로 등은 방해물이 없는 곳으로 1클럽 이내 길이로 이동, 드롭한다. 홀컵에 가까운 쪽으로 드롭하면 안 된다.

17) 러브 오브 더 그린(Rub of The Green)
그린으로 가는 길에 방해되는 인공 혹은 자연 장애물

18) 디보트(Divot)
주로 페어웨이 등에서 아이언샷을 할 때, 임팩트된 후 엣지가 잔디를 파고 지나가며, 팬 곳이다. 골퍼는 이것을 묻고 밟는 것이 에티켓이나 한국 토질이 주로 마사토라서 떨어진 잔디가 다시 붙기 어렵다. 서양의 경우 토질 점성이 더 강하여, 주워 메꾸고, 헤드로 다지는 것이 용이하다고 한다.

19) 수리지(Ground Under Repair)
코스 중 보수 예정 구역으로, 보호를 위해 무벌 타 드롭 후 샷을 한다.

2. 경기

1) PGA(Professional Golf Association)
1916년 미국프로골프협회로 출범한 세계 최대의 남자프로골프협회가 주관하는 49개 국제골프대회를 PGA Tour라 한다. 이 명칭을 따서 KPGA는 한국, JPGA는 일본 남자골프협회다. LPGA(Ladies Professional Golf Association)는 미국여자프로골프협회다. 역시 KLPGA는 한국, JLPGA는 일본이다.

2) 4대 메이저대회(남자)

• 브리티시오픈(Britichopen, 영국, 1860)은 영국인들이 세상에서 단 하나뿐인 오픈대회로 인정, The Open으로 호칭하며 자긍심을 갖는 대회로 바닷가 코스를 대회장으로 쓰는 오랜 전통을 유지한다. 링크스(Links) 코스라 하여 스코틀랜드 해안 근처 모래 언덕 황야 지역 일대의 골프장들에서 개최하여 바닷바람 등 변화무쌍하고 자연 그대로의 거친 필드에서 개최된다.

• US Open(미국, 1895)은 진정한 챔피언을 선발한다는 취지로 오랜 전통과 난코스로 유명한 곳을 돌아가며 치른다.

• Masters(1934)는 1930년 한 시즌에 미국 오픈과 아마추어, 영국오픈과 아마추어를 모두 우승한 미국 보비 존스가 창설하였고 해마다 조지아주 오거스타내셔널 골프클럽에서 매년 4월, 4대 메이저 중 가장 빨리 개최된다. 우승컵이 없고 그린재킷만 입는다.

• PGA Championship(1916)은 미국 각 지방의 신설 코스에서 개최된다.

3) 5대 메이저대회(여자)

• US Womens Open은 1946년 창설된 여성 5대 메이저대회 중 가장 전통 있고 상금이 많다. 지역 예선을 통과한 150명에게만 출전권이 주어지고 우승자에게는 금메달이 수여되고 챔피언 트로피(1년 보관만)와 함께 10년간 출전을 보장받는다. 1998년 전 국민의 힘이 된 박세리 선수가 맨발의 워터해저드 명장면을 연출하며 우승했던 경기다.

• KPMG 위민스 PGA 챔피언십은 1955년 신설되었다. 매년 6월 개최되며 박세리, 박인비 선수가 각각 3연패를, 2020년은 김세영 선수가 우승했다.

• 더 셰프론챔피언십(전 ANA 인스피레이션)은 1983년 메이저로 격상되었다. 매년 LPGA 중 맨 처음 열리며 우승자는 그린 옆 호수의 숙녀들이란 연못에 몸을 던지는 관행이 있다.

• AIG 여자오픈은 1976년 유러피언 레이디투어로 시작, 2001년 메이저대회로 격상되었고 영국에서 개최된다.

• 에비앙챔피언십은 스위스와 프랑스 국경에 있는 도시 에비앙에서 개최된다. 2013년 메이저 대회로 승격되었고 메이저대회 중 시즌 마지막 대회로 매년 9월경 개최된다.

※ LPGA 중 메이저는 아니나, 상금이 가장 큰 시합은 CME그룹 투어 챔피언십으로 우승상금은 25억 원이며 참가자는 최소 4천만 원 이상의 상금은 보장받는다. 2021년 고진영 선수가 우승했다.

4) National Open
공식적인 전국 오픈선수권

5) Open Champion Ship
프로 아마 모두 출전(Open Game)

6) 스트로크 플레이
가장 일반적인 경기 방식으로, 18홀 72타 총 타수가 가장 적은 사람이 승자가 된다. 프로 경기는 4일간 스트로크 플레이를 진행, 총 타수가 가장 적은 사람이 우승자가 된다. 4일간 각각 69-70-68-67타를 기록했다면 총14 언더파로 우승한 것이다. 4일간 전체 홀을 모두 돌지 않으면 당연히 실격이다.

골프가 마인드 스포츠에 걸맞게 4일간 고른 성적을 내기는 어렵다. 동 타인 경우 한 홀씩 추가하며, 서든데쓰 형식의 연장전을 치른다. 연장전 홀이 거듭되면 홀을 변경하거나 같은 홀에서 홀컵만 이동해가며 치른다.

• 와이어 투 와이어 우승은 스트로크 플레이를 1위로 출발, 4일 내내 한 번도 역전을 허용하지

않고 우승한 경우를 말한다. LPGA에서 박인비, 고진영 등 한국 선수들이 기록한 바 있다.

• 써든데스 물론 돌연사의 뜻이나, 먼저 홀아웃하면 우승한다는 것으로, 연장전이 되면 승부가 날 때까지 한 홀씩 추가로 경기를 한다.

7) 스테이블포드 방식
타수가 적은 사람이 우승하는 스트로크 플레이 방식의 반대로, 점수가 높은 사람이 우승하는 데, 보기 1점, 파 2점, 버디 3점, 이글 4점 이렇게 점수를 정하는 표준 스테이블포드 방식과 이글 등 희소한 홀아웃에 추가점수를 부여, 공격적이고 과감한 샷을 유도하는 변형 스테이블포드 방식이 있다.

8) 스킨스 방식
홀마다 상금을 걸어, 해당 홀에서 이긴 플레이어가 상금을 가져가는 이벤트 형식의 게임 방식으로, 무승부가 되면 이월되어 다음 홀의 승자가 모두 가져가는 방식이다. 홀마다 상금이 다르고 후반의 상금이 더 커진다.

9) 매치플레이
매 홀 승패를 겨루는 방식으로, 전체 홀의 타수는 의미가 없다. 18홀 중 승리한 홀이 더 많으면 이긴다. 잔여 홀을 다 이겨도 역전이 불가능한 경우 라운딩 도중 승부가 결정되고 종료된다.

• 싱글매치플레이 1:1로 매치플레이 하는 경기.

• 쓰리섬플레이는 1:2로 하되 2명인 팀은 순서를 정해, 티샷부터 철저하게 1개의 볼을 교대로 플레이한다.

• 포섬플레이는 2:2로 각 홀 각 팀이 하나의 볼을 번갈아 플레이한다. 각 팀 두 명의 파트너 간 티샷 순서도 홀수 홀과 짝수 홀을 정한 후 스트로크도 번갈아 해야 한다. 프로비저널볼(잠정구)조차, OB타를 친 사람이 아닌 다음 스트로크할 순서인 파트너가 친다.

• 포볼플레이는 2:2로 스트로크플레이처럼 모두 자신의 공으로 진행하되, 각 팀에서 더 적은 타

수를 기록한 선수의 성적으로 승부를 가린다. 따라서 한 명만 실력이 출중해도 우승할 수 있다.

매치플레이의 대표적인 예로 프레지던츠컵이 있다. 비기면 공동우승으로 하고, 우승컵도 명예의 전당에 있으며, 상금도 해마다 지정된 곳에 전액 기부하는 매치플레이 경기 방식이다. 한국도 2015년 송도 잭니클라우스에서 프레지던츠컵이 개최되었고 미국이 우승하였다. 4일간 30번의 매치플레이가 진행되는데, 첫날은 포섬 방식, 둘째 날은 포볼 방식, 셋째 날은 전후반을 포섬과 포볼로, 넷째 날은 싱글매치로 진행한다.

10) 티업(Tee up) / 티오프(Tee off)
골프코스 4번에 설명이 되어 있다.

※ 첫 홀의 티샷 순서
핸디, 연령 등 상의해서 순서가 될 수도 있고, 뽑기목이라 해서 끝에 줄이 그어진 쇠막대를 뽑아 줄 수가 적은 순서대로 친다. 2번 홀부터는 직전 홀에서 가장 적은 타수를 기록한 골퍼가 먼저 친다.

11) 홀아웃(Hole Out) 명칭(타수별 별칭)
홀아웃이란 공을 홀에 넣어 해당 홀의 경기를 마친 것으로, 참가자 모두 홀아웃해야 해당 홀 경기를 마친다. 친선 경기인 경우 홀에 클럽 길이 수준 인접 시 컨시드(Concede, 홀인으로 인정 OK)를 주되, 1타를 더한 타수로 홀아웃 명칭을 준다. 기준타수보다 덜 치면 새의 명칭을 가진다. 같은 단어나 18홀을 홀아웃했다면, 한 코스의 경기를 모두 마쳤다는 의미다.

• **콘도르**(Condor): -4타
무려 네 타를 줄여 친다는 것이니, Par5 홀 홀인원이다. 정상적인 골프코스는 불가능하다. 전혀 다른 종목인 파크골프에서나 가능한 얘기다.

• **알바트로스**(Albatross): -3타
Par5 홀 세컨샷, Par4 홀 티샷으로 Hole in One. 비교적 짧은 코스에 도로나 바위에 퉁겨지는 등의 행운이 겹쳐야 함.

• **이글**(Eagle): -2타
Par5를 써드샷, Par4를 세컨샷, Par3를 티샷으로 Hole in One이다. 페어웨이에서 친 공이 홀컵으로 들어가면 샷이글이라고 한다.

• **버디**(Birdie): -1타
보기 골퍼도 2개홀 정도는 버디를 기록해야, 실수가 있는 홀의 점수를 만회, 90타 미만 성적이 가능하다. 우드와 유틸리티 클럽에 익숙해지면 버디 기회가 늘어난다.

• **파**(Par): 기준 타수
18홀의 기준인 72타 별칭은 이븐파다.

• **보기**(Bogey): 기준 타수 +1타
72홀을 기준 90타 수준으로 평균 매홀 한 개를 오버파를 해야 보기골퍼다. 핸디 18이다. 필드의 어프로치와 퍼팅을 감안하면 쉽지 않은 목표다.

• **더블보기**(Double Bogey): 기준 타수 대비 +2타
더블파(양파)와 혼동하면 안 된다. 더블보기는 기준타보다 두 번 더 친 것이나, 더블파는 해당 홀 기준 타수 두 배를 친 것으로, 공식경기는 타수 상관없이 홀아웃까지 플레이를 하지만, 주말 골퍼는 더블파는 홀아웃 된다. 예로 파4의 더블보기는 6타째 홀인으로 홀아웃을 한 것이고, 파4의 더블파는 8번째 샷을 한 것으로 홀인하면 당연히 홀아웃이나, 홀인을 못 해도 경기 진행상 더블파로 해당 홀을 마친다.

• **트리플보기**(Triple Bogey): 기준 타수 대비 +3타
파3 홀의 경우는 더블파가 된다. 파4는 7번째 홀인, 파5는 8번째 홀인이다.

• **쿼드러플보기**(Quadruple Bogey): 기준 타수 +4타
파4는 더블파, 파5는 쿼드러플보기다. 파5에서는 9번째 친 것이다.

• **더블파**(Double ParPar): 기준 타수의 2배, 파를 두 번 한 것.
공식경기에서는 관계없이 홀인까지 지속하나, 주말골퍼의 골프장이나 스크린골프는 더블파는

"양파"라는 별칭으로 즉시 홀아웃된다.

※ **홀인원**(Hall in One)은 티잉그라운드 티샷으로 한 번에 홀인되어 홀아웃한 것으로 에이스 (Ace)라고도 한다. 대개 파3, 이글이 대부분이며, 공식경기에서도 푸짐한 부상이 걸리며, 아 마추어의 경우 행운이 일상으로 이어지도록 해당 홀에 절을 하는 경우도 있다. 홀인원, 그리 고 이글 이상의 샷은 캐디가 미리 연락을 취해, 경기를 마치면 클럽하우스에서 증서가 제공 된다. 홀인원을 하면 동료들이 기념패를 선물하고, 당사자 역시 다양한 답례를 하는 경우도 있다.

※ **5오버파**는 퀸튜플 보기다. 참고로 세컨샷 등에 부담을 느끼는 비기너는 파3를 선호한다. 샷 부담이 줄어들기 때문이다. 실력이 향상될수록 파5를 선호한다. 세컨샷 등을 잘 치면 타수 를 줄일 수 있는 기회가 오기 때문이다.

12) 핸디캡(Handicap Index)
골퍼의 평균 타수를 말한다. 총 72홀의 경우 9오버파 이하는 "싱글"로 별칭한다. 9오버파는 핸디9이다. 핸디가 15에서 18 수준, 즉 총 90타 미만은 에버리지 골퍼라 한다. 핸디캡은 핸디 로 줄여 통용되며, 평균 오버파다. 핸디20이면 평균 92타 정도를 치는 골퍼다. 핸디를 뺀 72 타는 네트스코어다. 핸디는 가벼운 내기 등에서 미리 가감하는 기준이 된다.

※ **핸디캡**은 스코어를 말할 땐 핸디로 통용되나, 18홀 중 난이도를 표시하는 용어로도 쓴다. 핸 디캡 1번 홀은 최악의 코스란 뜻이다. 이때는 핸디로 줄이면 안 된다. "여기는 핸디캡 2번 홀 입니다"라는 식으로 안내된다.

13) 컨시드(Concede)
스크린 게임은 시작 전 컨시드 거리를 선택할 수 있다. 필드에서는 대개 퍼터샤프트 길이까지 접근하면 OK를 준다. 골프장이 홀을 중심으로 원을 그려 컨시드 라인을 표시하는 예도 있다. 컨시드는 한 타를 더 친 것으로 홀아웃 성적이 기록된다.

14) 에이밍(Aiming)
공이 떨어질 지점을 조준하여 어드레스하는 것이다. 양발 끝을 목표와 일치시키나 바람에 따라 달라질 수 있다. 필드 경험이 적으면 광활한 느낌으로 에이밍 실수가 의외로 잦다.

15) 티샷(Tee Shot)

매회 티잉그라운드(티박스) 첫 번째 샷이다. 티잉그라운드에서는 모든 클럽에 티 위에 공을 올려두고 샷하는 것이 허용된다. 드라이버는 어퍼블로우니 롱티, 기타 클럽은 숏티로 바닥보다 살짝 두드러지는 정도다.

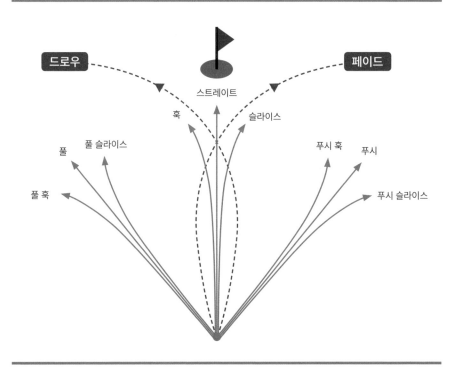

16) 슬라이스(Slice) / 훅(Hook)

모두 미스샷이다. 둘 다 반듯하게 스트레이트성으로 샷을 했지만, 본의 아니게 슬라이스는 공이 우측으로, 훅은 왼쪽으로 가는 것이다. 러프에 떨어지면 다행이나, 대개 해저드나 OB 지역에 떨어질 공산이 크다.

17) 페이드샷(Fade) / 드로우샷(Draw)

장타가 필요한 위치나 장애물 등이 있을 때 이를 피하기 위해 의도적으로, 돌아서 떨어지도록 치는 고난도 샷이다. 공에 회전을 주어, 날아가면서 서서히 방향을 바꾸도록 샷을 한다. 페이드샷은 목표지점이 오른쪽에 있을 때, 드로우샷은 반대로 왼쪽으로 서서히 돌아 떨어지게 하는 샷이다.

18) OB(Out of Bounds)

페어웨이나 러프 혹은 해저드도 아닌, 해당 홀의 골프코스를 벗어나 떨어진 공이다. 반복되니 간략히 설명한다. 공식경기는 OB로 추정되면 티박스를 벗어나기 전에 동의를 구한 뒤, 잠정구를 한 개 더 친 후, 첫 번째 공이 OB로 확인되면, 1벌타 후 잠정구로 3타째 플레이하나, 주말골퍼는 1벌 타를 먹고, OB티로 전진 이동하는 서비스 대신, 1타를 추가해서 미스샷까지 이미 3타를 친 것이니, OB티 라인에서 4타째 플레이를 한다.

그러나 주말골퍼도 뒤에 따라오는 팀에 지장이 없으면, 1벌타를 먹고, 즉시 잠정구를 요청할 수는 있다. 그러나 주말 골퍼는 대개 아예 없던 샷으로 하고, 벌타 없이 다시 샷을 하는 멀리건(Mulligan)이란 배려를 받을 수도 있다. 멀리건은 골프에 없는 사실상 반칙이다.

공식경기에서 OB 여부를 확인하기 위해, 공을 찾겠다고 하는 경우 주어지는 시간은 3분이다. OB 경계선이나 안쪽에서 공을 찾으면, 잠정구는 취소되고 찾은 공으로 벌타 없이 속행된다.

19) 잠정구(Provisional Bll)

공식경기에서 OB로 추정되는 샷을 한 경우, 확인하고 다시 돌아오면 경기에 지장을 주니, 미리 한 타를 더 치고 나가는 공. 동의를 구해야하며, 임의로 친 경우 2벌타가 추가된다. 잠정구는 처음 친 공과 구분이 가능해야 한다. 처음 친 공이 OB로 확인 되면, 1벌타를 먹고, 티샷까지 2타를 이미 친 것으로 해당 잠정구로 3 타째 플레이되고, 첫 번째 공이 코스 안에 있는 경우, 잠정구는 무효 처리되며, 2 타째 샷을 하면 된다.

※ 단, 티박스에서 명확하게 OB로 판단이 되면, 1벌타 후 동의 없이 다시 치며, 3 타째가 된다. 이 경우는 만약에 첫 번째 공이 우연히 발견되는 경우도 이미 벌타로 진행된 것이니 그냥 주워 호주머니에 넣어야 한다.

20) 멀리건(Mulligan)

티샷이 잘못된 경우 무 벌타로 한 번 더 칠 수 있는 기회를 주는 것으로, 당연히 공식경기에는 없다. 최초로 양해를 구했던 사람의 이름이라고 한다.

21) OB와 워터해저드 차이

OB는 코스 밖으로 나간 공이고, 워터해저드는 코스 안에 있으나 장애물로 공을 칠 수 없는 경우이다. 둘 다 미스샷으로 페널티로 벌타 각 한 개로 동일하다. 다만 OB는 처음 친 곳에서 다시 샷을 해야 하고, 해저드는 골프클럽 길이만큼 드롭해서 치되, 홀컵 쪽으로 더 가깝게 하면 안 된다. 결국 차이는 OB는 제자리서 다시 치고, 해저드는 처음 친 공의 거리를 인정받는 것이다. 똑같이 세 번째 샷이 된다. 단 주말골퍼의 OB는 다시 치지 않고, OB티로 이동하는 거리를 한 타로 추가로 인정하여 네 타째를 치게 된다.

22) 드롭(Drop)

해저드에서 자주 거론되었던 것으로, 장애물에서 공을 주워, 샷을 할 수 있는 다른 위치에 떨어뜨리는 것으로, 홀을 향해 똑바로 서되 홀에 가깝지 않게 무릎 높이에서 떨어뜨린다. 진행 요원과 협의한다.

23) 캐리(Carry)(비거리)

임팩트된 볼이 땅에 닿기 전 까지, 공중을 날아간 거리. 캐리앤런(Carry & Run)은 비거리와 굴러간 거리의 총합계

24) 벙커(Bunker)샷

페어웨이 벙커나 그린사이드 벙커, 즉 모래 위에서 치는 샷이다. 어프로치샷의 형태다. 헤드가 모래에 닿으면, 치기 좋게 바닥을 조성한다는 의심으로 벌타였으나 최근 고의성이 없는 경우 닿아도 되는 것으로 개정되었다.

25) 어프로치(Approach) 샷

그린 주변에서 그린 위 홀에 최대한 가깝게 공을 떨어뜨려, 홀인까지 타수를 줄이고자 하는 샷으로, 필드 경험이 절대적으로 중요하다. 어프로치 편에서 상세하게 다룬다.

• **런닝**(Running) 어프로치

공을 굴려 홀컵에 붙이는 것으로, 거리가 가깝고, 라이 상태가 공을 굴릴 조건이라야 한다. 아이언으로 하는 그린 밖의 퍼팅으로 생각하면 된다.

• **칩**(Chip)샷

런닝 어프로치와 유사하나, 웨지를 사용하여, 공이 살짝 떠서 구른다. 라이 상태가 좋고, 거리가 15m 내외일 때, 그린 주변에서 홀컵에 붙이는 샷이다.

• **피치**(Pitch)샷

20m 이상 거리가 있고, 장애나 약간의 경사가 있으며, 러프 등에서 공을 띄워 굴린다.

• **로브**(Lob)샷

주로 턱이 높은 벙커에서 양발 스탠스를 넓게 하고, V자 스윙으로 공을 높이 띄우는 샷이다.

• **플롭**(Flop)샷

라이 상태가 러프 등 안 좋고, 그린이 높을 때 헤드를 완전히 누여, 그립을 몸 중앙에서 잡고, 공 밑을 스쳐 지나며 수직상승 시키는 수준의 샷이다.

• **범퍼&런**

그린이 턱지고 높으면서, 홀컵이 에이프런 바로 뒤에 있을 때, 공을 그린 아래턱에 고의로 부딪혀 오르게 함으로써 속도를 줄이는 방식이다.

26) 퍼팅과 온그린

• 공을 그린에 올리면 온그린된 것이고, 이것을 퍼터로 핀홀에 넣는 샷을 퍼팅이라 한다. 두 번의 샷으로 그린에 올리면 투온, 세 번에 올리면 쓰리온이라고 말한다.

• 퍼팅은 감각을 느끼기 위해 대부분 장갑을 벗지만, 벗지 않아도 된다.

• 퍼팅 전 공을 닦고, 퍼팅 라인에 공 위의 선과 맞히기 위해, 공을 집어들 때는 반드시 공 뒤에

볼마크를 두어야 한다.

- 홀컵에 든 깃대는 멀리서 홀컵 위치를 알기 위함이나, 그대로 두고 퍼팅을 해도 무관하다.

27) 공, 클럽, 갤러리, 매너스 및 규칙

- 공에는 본인만의 마킹을 하는 것이 같은 공이 있어도 혼돈을 방지한다. 구매 시 본인 이니셜을 인쇄해도 된다. 경기 중 다른 사람의 공을 치면 2벌타다.

- 공이 자연적인 현상, 바람 등에 의해 구르면, 멈춘 자리에서 샷을 한다. 그러나 다른 공에 맞거나 자연적인 현상이 아닌 경우, 원래 자리에 다시 두고 샷을 해야 한다.

- 홀과 상대방의 공의 퍼팅 라인을 절대 밟으면 안 된다.

- 그린 위에서 공을 집어 들 때는 몇 번이라도 무조건 마킹을 공 뒤에 해야 한다.

- 어느 경우에도 공은 헤드로만 쳐야 한다. 거꾸로 쥐고 치거나 헤드가 아닌 부분으로 걷어내면 2벌타가 주어진다.

- 상대가 샷을 할 땐 정숙을 유지해야 하고, 공식경기의 경우 캐디 외 다른 사람의 조언을 구하면 안 된다.

- 공식경기의 클럽은 14개 이하라야 한다. 위반 시 홀마다 벌타가 주어지며 경기 중 부러진 것은 교체가 가능하다.

- **갤러리**(Gallery)는 골프시합 현장의 관중이다. 티켓팅을 하거나 초대받아 참관한다. 경계선을 지키고, 선수가 어드레스 할 때 진행요원들이 피켓 등을 들어 표시하면 정숙을 유지해야 한다. 미스샷 등 위험요인에 항상 대비해야 한다.

- 세컨샷 등은 그린에서 먼 사람이 먼저 샷을 하고 미스샷에 맞지 않도록 지켜봐야 한다. 그린

위에 먼저 올라간 골퍼는 일행이 어프로치샷을 하는 동안 퍼팅을 하지 않는다. 모두 온그린 된 뒤 홀과 먼 사람부터 퍼팅을 한다. 퍼팅라인을 밟아야 하는 부득이한 상황인 경우 가까운 쪽이 먼저 퍼팅 할 수는 있다.

28) 기타 경기 중 자주 들리는 단어들

• **생크**(Shank)는 단어도 자루, 다리의 의미가 있듯이 공이 헤드페이스가 아닌, 샤프트와 연결된 힐(샤프트목) 쪽에 맞아서, 빠른 속도로 낮게 깔리며 급하게 오른쪽으로 날아가는 미스샷을 말한다.

• **탑핑**(Topping)은 공의 윗부분을 때리는 미스샷이다. 공이 바닥을 스치고 퉁기며 구른다. 뱀샷이라 한다. 공을 끝까지 보지 않고, 스윙이 급한 경우 헤드업(Head Up)이 되니 자주 발생한다. 어설프게 팔로 치는 경우 긴장되어 어깨가 경직되면, 클럽이 당겨져 공이 안 맞는 경우조차 있다.

• **뒤땅, 더프**(Duff)는 공 뒤 잔디를 먼저 파고들며 때리는 것이다. 헤드를 던진다고 잘못 배운 비기너에게 많고, 경사나 라이가 안 좋은 경우, 거기에 맞춘 어드레스를 못할 때 발생한다. 아울러 무릎 높이를 유지하지 못 하거나 바닥이 단단한 필드의 어드레스는, 임팩트 순간 뻗어지는 팔을 감안해야 하나, 팔꿈치를 느슨하게 굽혀 어드레스 할 때 발생한다.

• **Trouble Shot**은 경사나 러프 등 치기 어려운 샷의 총칭이다.

• **Unplayable Lie**는 장애물 등으로 안전하게 칠 수 없다고 판단되는 장소다. Unplayable Ball도 해저드로 1벌타를 받는다. 원래 자리에서 다시 치거나 드롭한다.

• **니어핀**(Near Pin)은 파3에서 사용되는 용어로, 티샷이 홀컵에 가장 가까운 상태에 떨어뜨린 골퍼를 니어리스트라고 하며, 니어로 줄여 사용한다(대개 특정된 파3에서 내기나 상품이 걸린다).

• **롱키스트**는 특정된 홀에서, 티샷이 페어웨이상 가장 멀리 날아간 골퍼를 지칭한다.

29) 내기 종류

• 스트로크형

1타에 일정액을 정하여 타수 차로 금액을 지불하는 것으로 버디 1명, 파 2명, 보기 1명이고 타당 만 원이라고 하면, 보기는 버디 2만, 파 두 명 2만, 총 4만 원을 잃고, 파는 받고 주니 본전, 버디는 보기에 2만 원, 파 2명에 각 1만 원을 받아 4만 원을 획득한다. 버디는 버디 상금이라고 해서 금액이 추가되기도 한다. 핸디캡을 주지 않고 진행하면 스크래치(Scratch) 게임이라고 한다.

• 스킨스 게임

홀마다 상금을 걸어두고 매홀 타수가 가장 적은 사람이 상금을 가져가는 내기의 일종으로 최저 타가 2명 이상인 경우 상금은 다음 홀로 넘어가며 상금은 2배가(배판) 된다.

• OECD 게임

상금을 많이 딴 사람에게 패널티를 주어, 고르게 상금을 획득할 수 있게 하는 방식이다. 다양한 게임을 진행하는 중에 본전을 이미 챙겼거나 시작 전에 정해진 기준 금액 이상을 먼저 획득한 골퍼는 OECD에 가입돼, O는 OB, E는 벙커, C는 쓰리퍼팅, D는 쓰리플보기 등을 하는 경우, 이미 획득한 상금에서 일정액의 벌금을 내도록 하는 방식이다.

• 라스베가스 게임

매 홀을 마친 후, 카트에 있는 바닥에 초록색 2, 붉은색 2, 그리고 검은색 1, 총 5개의 뽑기목을 무작위로 집어, 같은 색을 집은 두 명의 합산된 성적을 비교하여 내기를 하는 것이다. 그중 한 개뿐인 검은색을 뽑은 경우, 조커로 버디나 파 등 사전에 정한 타수로 인정을 해준다. 본인 성적이 그 기준에 미달한 경우는 행운이다. 핸디와 관계없이, 뽑기를 잘하면 성적이 좋은 사람과 파트너가 되어 유리해지는 평등한 게임이다.

3. 기타 골프장 관련 용어

한국은 약 450여 개의 골프장과 800여 개의 코스가 있다. 세계 8위 수준의 규모라고 하니, 남한의 면적으로 보면 놀라울 정도이다. 이 작은 면적의 나라지만 골프장도 지역적 특성을 가진다. 강화, 김포, 인천공항 등 뻘이나 습지에 조성된 골프장은 평지에 가까우나, 대부분 산악 지형의 계곡을 따라 만들어졌다.

바닷가의 경우 남해 등 천혜의 절경을 활용한 곳도 있지만, 서해안의 경우 해풍 등으로 잔디관 리에 어려움을 겪기도 한다. 바닷가는 계절별로 경기가 어려울 만큼 강한 바람이 불기도 한다.

동절기도 제주도는 양잔디로 푸르고 온도가 유지되나, 경기 북부는 눈과 빙판이 된다. 강원도 춘천 인근은 오전 부킹이 되면, 호수가 많은 탓인지 안개로 가시거리가 극히 짧을 수도 있다.

1) 잔디

- 양잔디는 한지형 잔디로 겨울에도 푸른빛을 유지한다. 제주도의 경우, 바람은 매서우나 극한 이 없고 토양도 적절하여, 양잔디가 대부분이며 4계절 비수기가 없다. 특징은 가늘고 부드러 우며 밀도가 높다. 그만큼 공을 떠받치지 못해 지면과 맞닿아 있어, 조선잔디 대비 임팩트가 더 깊고, 디벗이 크게 만들어진다. 특히 양잔디는 뿌리가 깊지 않고, 흙은 점성이 높아 디벗이 확실하고 크다. 양잔디 임팩트를 따로 설명한 글도 보았지만, 큰 의미가 없어 보인다. 양잔디 토양은 디벗으로 떨어진 잔디를 주워 밟아두면 회복될 가능성이 크다.

- 조선잔디는 난지형잔디로 겨울에는 갈색으로 시든다. 남쪽 지방을 제외하고, 잔디 종류를 떠 나 동절기 골프장은 눈과 얼음으로 제대로 즐기기 어렵다. 잘 조성된 페이웨이는 양잔디 대비 뻣뻣하니, 공이 약간 떠서 임팩트가 유리하다. 토지가 대부분 마사토로 디벗 크기가 작고, 떨 어진 잔디를 주우면 흙이 떨어지고 붙지도 않아, 골퍼가 복구하기는 어렵다.

2) 퍼블릭과 회원제 골프장의 차이

- 회원제 골프장은 회원권이 있어야 부킹이 가능하다. 라운딩도 회원이 반드시 동반해야 가능 한 골프장도 있다. 한때 가격이 치솟으며, 골프를 하지 않는 사람들도 재테크로 보유하기도 했다. 회원제 골프장의 근원은 건설 시 자금이 부족한 경우, 사전에 회원 모집으로 건설자금 을 조달하는 것이나, 현실은 회원권 가격도 상당하고, 어느 정도 장벽이 있는, 그들만의 분위 기라는 느낌이 강하다.

- 퍼블릭 골프장은 비회원제이니 누구나 예약이 가능하다. 근원은 골프장 건설 시 초기자본이 충분하여, 회원 모집을 통한 재원 마련을 하지 않는다는 의미가 있으나, 현재는 골프가 대중스포츠로 자리매김하도록 정부가 퍼블릭 골프장을 장려하는 법을 규정하고, 세제 혜택까지 있다.

※ 체육시설 설치 및 이용에 관한 법률 시행령으로, 골프 대중화를 위해 회원제 골프장 건설 시, 퍼블릭을 일정 비율로 건설하는 것을 의무화하고 있다.

3) 컨트리클럽(C.C = Country Club) / 골프클럽(G.C. Golf Club)

컨트리클럽은 다른 레저시설이 복합적으로 구성되어 있고, 골프클럽은 오직 골프장만 있는 것으로, CC가 GC의 상위개념의 사교클럽이나, 한국은 전부 CC를 사용함으로 의미가 없다. 영미 쪽 골프장은 골프장 명칭 뒤에 CC와 GC를 구분하여 사용한다.

4) 성적표(Score Card)

예전에는 캐디가 작성한 것을 그대로 주었으나, 최근에는 체크인할 때 본인 정보를 자동화기기에 입력하여 스스로 출력하도록 되어 있다. 경기를 마치고 스코어 카드가 필요한 경우. 골프장마다 출력 방식이 다르므로 캐디에게 꼭 물어봐야 한다. 카트번호를 입력하는 경우도 있다.

- 일반경기는 예로 버디면 –1, 파는 0으로 표시하나 프로는 타수를 적는다. 파4에서 버디를 하면 3, 파를 하면 4로 적고 보기를 하면 5로 적는다.

- 일반인 골퍼의 스코어 카드는 캐디가 적지만, 공식경기는 같은 조 선수끼리 카드를 교환하여, 상대방 타수를 기록하고, 경기 후 받아 자기 스코어가 맞으면 서명하여 집계원에 제출한다. 예로 A, B, C 셋이 경기를 할 경우 A는 B, B는 C, C는 A의 스코어를 각각 기록한다. 위에서 A는 B 선수의 마커(Marker)가 된다. 마커를 실수하면 실격 사유까지 된다.

5) 부킹(Booking)

골프장을 예약하는 것으로, 한 팀 4명을 기준으로 하고, 여러 사이트 등에서 이미 부킹을 해두고, 개별로 낯선 참가자를 모집하기도 한다. 최근 코로나로 해외 골프여행이 어렵게 되자 국내 골프장은 사상 최대의 호황을 누리고 있어 원하는 날짜에 부킹이 쉽지 않다. 골프장의 인터넷회원 가입 시 소액의 할인이 적용되기도 한다.

6) 클럽하우스(Club House)

골프를 치는 사람들이 옷을 갈아입고 샤워, 식사, 휴식을 취하는 골프장 내 건물이다. 부킹 당일 클럽하우스 정문에 차를 세우면, 도우미들이 캐디백과 보스턴백을 꺼내, 캐디백은 부킹 시간에 배정된 카트에 싣는다. 차량을 발렛파킹 해주기도 한다. 보스턴백은 파킹 후, 본인이 들고 들어가 라커에서 골프 복장을 하게 된다. 조식, 중식, 석식이 있어 경기 전후 식사가 가능하고, 샤워시설이 되어 있다. 간단한 골프용품 매장이나 기념품, 현금인출기 등이 있다.

무엇보다 체크인과 체크아웃을 하는 곳이다. 예약자 이름을 대고 체크인을 하면 라커 번호가 주어진다. 제일 먼저 간 사람이 동료들 전번 등을 양식에 적어준다.

체크아웃은 경기 후 식사나 샤워 등 모든 일정을 마치고 그린피와 카트피, 그늘집 간식 및 식대를 정산하는 것으로, N 분의 일 등 원하는 것을 얘기하면 된다. 본인만의 할인 권한이 있는 경우도 N 분의 일로 하면 할인금액을 전원에게 배분하므로 본인 할인은 본인에게만 적용하라고 해야 오해가 없다. 캐디피는 경기 직후 현장에서 현금으로 지급된다.

스코어 카드 인출기나 현금인출기 모두 비치되어 있고, 시급한 경우 모자, 의류, 공, 장갑 등을 모두 매장에서 구매할 수 있다. 티업 시각 약 20분 전 카트가 대기한다. 클럽하우스 앞에는 퍼팅 등 워밍업할 공간이 있고, 티업 직전 캐디가 스트레칭을 권하기도 한다.

클럽하우스 안에는 선크림과 치약이 준비되어있다. 보스턴백에는 모자, 신발, 의류와 함께 칫솔 정도는 준비하는 것이 좋다. 경기에 임할 때, 자동차 키를 들고나와 캐디백에 두어야, 경기 후 카트에서 바로 트렁크에 실을 수 있다. 필자는 라커 번호표를 지갑에 챙긴다. 간혹 라커 번호를 잊어 프런트에 확인하며 시간을 뺏기는 일이 있기 때문이다.

7) 골프텔

1박 2일 18홀 두 경기 이상을 즐길 수 있도록, 골프장 내 건설된 호텔이다. 당연히 골프 부킹

과 연결된 골프장의 사업이다. 수도권에는 드물다.

8) 그늘집

클럽하우스에서 나간다는 의미로 9홀까지는 아웃코스, 10홀부터 돌아서 들어가는 길이라 해서 인코스다. 아웃코스 끝에는 간식이나 용변처리를 위한 그늘집이 있다. 코스 중간중간 간단한 음료 등 셀프서비스가 가능하다. 화장실 등도 그늘집이라 통용되며, 드물게 붕어빵 등을 코스 사이에 무료 제공해주는 골프장도 있다. 막걸리 한두 잔도 할 수 있지만, 음식대비 주류 가격은 대단히 높은 편이다.

9) 캐디

골프경기 보조원으로, 카트를 직접 혹은 리모컨으로 작동시키며, 골퍼들이 각 홀의 티샷부터 퍼팅까지 필요한 클럽을 모두에게 전달한다. 그린 위에서는 공을 닦아주고, 볼 마킹 및 퍼팅 라인을 읽어주는 등 뒤 팀에 밀리지 않는 진행을 위해 적극적인 관리를 한다. 이것이 소홀하여 앞 뒤 팀에 지장을 주면, 관리자에게 페널티를 받고 제재를 받는다.

홀마다 4명의 성적을 모두 키핑하고, 무전으로 앞 팀, 뒤 팀 지속적인 소통을 한다. 아울러 홀의 경계를 넘어가는 공에, 맞지 않도록 경고를 주고, 골퍼들의 샷을 위한 거리 읽어주기, 해저드 등 샷 전 주의사항, 두 개 이상 클럽을 들고 샷을 하고는 깜빡 놓아둔 클럽을, 클럽하우스에 협조를 구해 경기 진행 중 전달한다. 네 명의 클럽을 모두 기억하고, 행여 같은 종류의 클럽이라도 있게 되면, 받는 사람은 자기 것만 생각하겠지만 쉽지 않은 일이다.

골프 능력이 있어야 대화나 보조가 가능하며, 퍼팅 라인이나 거리를 측정하는 데는 능력 차이가 느껴진다. 지방 골프장은 숙소에서 생활한다. 한국은 4계절이 있어, 제주도 등 남해안을 제외하면, 비수기와 성수기가 뚜렷한 직업이다. 경기를 마친 후 클럽을 정돈시켜주고, 각자의 클럽확인을 당부하며, 클럽 세트를 촬영한다. 분실 등 사후관리에 대해 명확히 선을 긋기 위함이다. 캐디의 친절 여부를 체킹하는 페이퍼가 주어지는 경우도 있다.

캐디의 마지막 임무는 주차장에 있는 골퍼들의 차량까지 캐디백을 일일이 전달하는 것으로, 이를 위해 골퍼들은 차량 키를 라커에 두지 않고 캐디백에 넣어야, 경기 후 캐디백을 들고 왔다 갔다 하는 일을 피할 수 있다.

수입은 골퍼들이 경기 후 직접 현금으로 지불하는 캐디피가 전부이다. 간혹 버디 등 캐디의 거리 측정과 퍼팅 라인으로 도움을 받으며 승리한 홀에서는, 가벼운 팁을 전달하기도 한다. 캐디피는 약 14만 원 내외로 현장에서 N 분의 일 하면 인당 3만 원 수준이다. 골프에 임할 때 가벼운 내기와 캐디피를 감안하여 현금을 준비해야 한다.

10) 그린피와 카트
골프장 사용료는 그린피로 모두 함축된다. 클럽하우스에서 옷만 갈아입고, 샤워 등을 하고, 그늘집 등에서 식사나 구매한 것이 전혀 없으면 체크아웃할 때 그린피와 카트피만 청구된다. 그린피는 성수기나 주말 등에 다소 차이가 있으나 인당 25만 원 정도 소요된다. 그린피와 카트피는 그늘집이나 식당 비용 등과 함께 체크아웃할 때, 캐디피는 홀아웃하고 현장에서 현금으로 결제하니 골프장 내에서만 인당 약 30만 원의 부담이 있다.

골프 경기를 하는 내내 카트에는 캐디백 4개가 실려서 함께 이동하며 산악 지형의 카트 도로는 경사가 심하거나 커브 길이 있어 방심하면 추락하여, 부상 당할 우려도 있으니 주의해야 한다. 카트 도로에 전선이 깔려 있어, 캐디가 경기 지원을 위해 골퍼들 옆에 있으면서도 리모컨으로 이동시킬 수 있다.

11) 나인틴 홀(Nineteen Hole)
상식 정도로 알아두자는 의미로 넣는다. 세 가지 의미가 있다.

- 클럽하우스의 별칭으로 경기 후 담론하는 장소
- 챔피언 코스 등 프로 시합이 열리는 골프장의 경우, 연장전을 치르는 별도로 설계된 홀

12) 연습장

• 실내 연습장
타석에서 3m 내외 거리에 타깃 천을 매달아, 샷을 하는 것이다. 퍼팅 연습을 위한 시설도 있다. 공은 본인이 버튼을 눌러야 나오니, 시간에 쫓기지 않고, 자세를 정비할 수 있는 장점이 있다. 아울러 혹한이나 혹서기에 비교적 냉난방시설이 된 곳에서 여유 있게 연습할 수 있다. 비용도 저렴하며 근무처나 아파트 커뮤니티 등 접근성이 뛰어나, 독학하기에는 이곳이 안성맞춤이다.

단점은 공의 구질을 파악하는 데 한계가 있고, 공기청정기 등이 있으나 먼지가 우려되며, 최근 같은 팬데믹 사태 전염이 우려된다.

• 인도어 연습장

한글로 뜻은 같으니, 어쩌면 실외 연습장이 더 맞는 표현일 수도 있다. 150m 내외 여러 개 타석을 갖추고, 거리표시가 된 연습장이다. 필드와 같은 느낌으로, 비거리가 정확히 측정이 되고, 본인의 구질을 분석하고 연습할 수 있다. 회차당 비용을 지불하거나 쿠폰 혹은 회원으로 등록하여 이용한다. 실외에 있어 혹한 혹서기에 따른 불편과 폭설 혹은 태풍 등이 있을 때는 그물이 흔들려 이용하지 못할 수도 있다. 접근성이 천양지차이며, 연습시간이 정해져 있다.

• 스크린 연습장

피드백이 용이하고, 실내외 연습장의 장점이 고르게 들어 있다. 그러나 처음 시작을 독학으로 하는 경우는 실내 연습장이 효율적이다.

• 파3 경기장

퍼팅그린, 벙커, 어프로치, 그리고 간혹 100m 내외 홀이 있는 미니 코스로 보면 된다. 거리가 짧으니 사용할 수 있는 클럽이 엄격히 제한된다. 실제로 마음가짐도 다르고, 숏 게임 중심이며, 연습효과는 미미하다.

4. 도구

특정 브랜드에 쏠려 몇 배의 돈을 주고 장비를 장만하는 골퍼를 보면 이해하기 힘들다. 골프 용품 중 특별히 고가의 제품을 갖출 필요는 없다. 아무도 그것에 관심 두지 않는다. 멋진 스윙이 탄성을 부를 뿐이다. 고가의 도구로 어깨에 힘주는 것은 본인만의 생각일 뿐, 그것에 의미를 두는 사람은 없다.

1) 공

스윙을 익힌 후, 필드를 나가면 좀 다를 수도 있겠지만, 팔로 치는 수준으로 필드 경기를 하면, 공 10개쯤은 쉽게 잃어버린다. 워터해저드에 빠트리고 OB 구역 등에 날아가면 찾을 수가 없다.

스윙이 안정되고, 보기골퍼 수준이 되면 미스샷을 감안해도 5개 이내로 경기를 마치게 된다.

새 골프공은 상자에 넣은 채로 집 안에 있다면, 5~6년 지나도 성능에 큰 차이가 없다. 비기너가 이 차이를 안다는 것은 불가능하다. 물에 빠지거나 강한 열에 노출된 것은 성능 저하가 여실하니 피해야 할 것이다.

• 딤플

골프공의 가장 큰 특징이다. 보조개처럼 400개 내외의 홈이 파여 있다. 공기저항을 줄이고, 공에 양력을 부여 뜨게 한다. 딤플이 없는 공과 있는 공의 비거리 차이는 두 배 이상이라고 한다.

• 로스트볼

국내에 있는 약 800여 골프장의 경기 중 분실구를 주워, 클리닉 후 재판매하는 공이다. 로스트볼은 등급이 뚜렷하다. 물이나 물속의 진흙에 있던 공은, 현저한 표시가 나기 때문에 도색을 다시 한 것도 있고, 눈에 띄지는 않지만 환경이 좋은 곳에서 주운 것은 새 공과 진배 없는 경우도 있다. 상태에 따라 등급별 가격 차가 있지만 아주 저렴하다. 비기너의 경우 필드에 나갈 때는 로스트볼이 적합하다고 본다. 새 공과 차이를 느끼기 어려울 것이다.

• **피스**(Piece) - 2피스, 3피스, 4피스, 5피스
골프공 내부의 탄력 있는 덩어리(Core)와 외부 표피층을 합한 수치다. 코어가 둥그런 고무덩이 한 개에 딤플 박힌 외피면 투피스다. 코어와 외피를 복층으로 5피스까지 생산된다. 연구의 결과이며, 코어가 많을수록 기술이 필요하니 당연히 고가일 것이다. 그러나 비거리는 가장 단단한 2피스가 더 나간다. 외부로 피스를 구분하기도 어렵다. 과학이지만 굳이 보기골퍼까지 공을 가릴 필요는 없을 듯하다. 마음에 드는 디자인을 우선해도 큰 무리는 없어 보인다.

2) 티
긴 것과 짧은 것이 있는데, 티는 티잉그라운드 내, 티샷할 때만 사용한다. 긴 것은 어퍼블로우로 치는 드라이버용, 짧은 것은 우드부터 아이언용이다. 숏티에 올림, 스윗스팟에 더 쉽게 맞출 수 있다. 꽂아 공을 올리는 일반적인 것과 밑이 넓은 플래스틱 티를 두고, 공을 올리는 편리한 것도 있다. 나무 티로 꽂아 쓰는 것이 운치는 있는데, 좋은 것을 써야 한다. 머리 부분이 안정되고, 가로줄 무늬가 있어야 공이 다시 굴러떨어지지 않고, 원하는 높이로 쉽게 세운다. 티에 공을 제대로 못 올리고 쩔쩔매는 모습은, 쓰리플 보기 보듯 민망하다.

3) 볼마커
그린 위에 올려진 공의 불순물을 닦고, 퍼팅 라인에 공 위에 표시된 선을 맞추어 다시 내려 두기 위해, 공을 집을 때 반드시 몇 번이라도 공 뒤에 표시를 해야 한다. 동전처럼 납작 하고 둥근 것이면 다 된다. 캐디가 알아서 표식 후, 공을 닦고 놓아주는 경우가 많긴 하다. 권장하는 것은, 도금된 철로 볼마크가 자석핀에 붙어, 핀을 모자에 꽂아 쓰면 가장 빠르고 편리하다.

4) 캐디백, 보스턴백, 파우치, 항공백
캐디백과 보스턴백은 상기에 설명이 되어있다. 보스턴백은 신발을 넣을 공간이 별도로 되어 있다. 파우치는 골프를 칠 때 휴대폰, 지폐, 공, 개인이 필요한 작은 물건 등을 넣어, 카트에 올려두는 가방으로 꼭 필요한 것은 아니다. 캐디백에도 신발을 넣을 수 있는 공간 등 수납할 곳이 많다. 연습할 때 몇 개의 클럽만 넣고 다니는 하프백도 있지만, 연습이란 것이 전체 클럽을 사용해보는 것이 의의가 있어 사두고 사장되는 경우가 많다.

캐디백에는 명찰이 있고, 그곳에 이니셜이라도 기록해야 한다. 클럽하우스에 차를 잠시 멈추면, 도우미들이 보스턴백과 함께 차에서 꺼내는데, 카트에 싣자면, 누구 것인지 구분이 되어

야 한다, 캐비백과 보스턴백이 세트일 필요도 없다. 용도가 다르다. 고가품도 존경을 받지 못한다. 매너와 골프 실력만이 존경의 대상일 뿐이다.

비행기를 탈 경우, 커버를 씌우지 않으면 도난 우려로 접수가 안 된다. 제주도 등 항공기탑승이 있을 것을 대비 캐디백 커버가 필요하다.

5) 클럽 장만하기

대개 중고로 시작하지만, 본 책이 있는 한 골프를 포기할 이유가 없으니, 처음부터 좋은 클럽을 선택해도 상관이 없다. 올바른 스윙이 관건이지, 클럽이 미치는 영향은 미미하다. 타음이나 볼이 터치되는 느낌은, 대중적인 명품이 확실히 좋은듯하다.

같은 업체 것이라 해도, 대리점이 아닌, 병행 수입(업자가 직수입)한 것은 가격이 대단히 저렴하다. 대리점에서 공식 채널로 들여온 것은 아시안 스펙이라 해서 샤프트 강도 표시가 같아도 직수입과 차이가 있을 수 있다. 아울러 병행 수입한 것은 유사시, AS가 안 될 수도 있다. 물론 클럽을 AS 받는 일은 많지 않다. 간혹 5, 6, 7번 아이언의 호젤, 즉 목 부분이 부러질 때가 있거나 그립을 교체하는 수준이다. 그립 교체는 해당 대리점에 클럽을 등록해두면 시중보다 저렴하다.
드라이버는 중고를 잘못 사면, 실금이 있는 것을 살 수가 있어 신중해야 한다. 수리가 불가하고 헤드를 교체해야 한다. 부품은 헤드보다 샤프트가 더 고가이다.

중고 채는 해당 대리점 등록 여부를 확인하고, 특히 드라이버는 해당 대리점에서 미팅해서, 대리점의 진단을 받고 돈을 건네는 것이 맞다. 인터넷 사이트에서 돈만 보내고 사기당하는 경우가 허다하다. 아주 특별한 경우가 아니면 클럽을 개별맞춤, 즉 피팅할 필요는 없다.

선수들의 경기에서 공식 규정은 클럽을 14개까지 캐디백에 넣을 수 있다. 보기골퍼 전후의 경우 1, 2, 3, 4번 롱아이언은 의미가 없고 치기도 어렵다. 롱아이언은 유틸리티라는 대체클럽이 있고 더 쉽게 칠 수 있다. 드라이버, 3번 우드, 3번 유틸리티, 아이언 5~9, 피치웨지, 50도, 56도, 퍼터 정도면 된다.

클럽을 장만할 때 가장 어려운 점이 샤프트 강도와 로프트각의 문제다. 아이언은 공통적이니 관계없으나 드라이버, 우드, 유틸리티는 본인이 선택해야 한다. 매장의 권고를 따르면 된다.

샤프트는 강도(Flex)로 구분하며, 강도에 따라 샤프트 무게가 미세한 차이가 있다. Extra X, Stiff S, Stiff Regular SR, Regular R, Amateur A, Ladies L 등으로 구분한다. 일반 골퍼 중 남성은 대부분 SR, 여성은 L을 사용한다.

※ 퍼터는 본인 취향을 우선으로 해야 한다. 못 쳐도 마음에 드는 헤드 모양을 선택한다. 이것은 전문가의 조언보다 본인의 초이스가 현명하다. 수십 년 전에 생산된 중고도 관계없는 것이 퍼터다. 퍼터는 초보일 때도 느낌이 오는 것을 구매해야 한다. 본문에도 자세히 설명되어 있다.

로프트각 등은 본문에 자세히 설명되어있다.

• 아이언은 샤프트가 스틸이냐, 그라파이트(카본)냐인데, 샤프트가 발전하다 보니 어느 것을 특별히 써야 하는 이유가 없을 정도이다. 아울러 단조와 주조가 있다. 단조는 헤드를 대장장이가 하듯, 쇳물을 떠서 두드려 만든다는 의미이고, 주조는 틀에 쇳물을 부어 찍어 낸다고 보면 되는데, 당연히 단조가 제조원가는 높을 것이나 이 역시 장단점이 있을 뿐이다.

아이언은 헤드 모양이 단조 아이언은 대부분 머슬백(Muscle), 주조 아이언의 캐비티(Cavity)가 있고, 이 둘의 장점을 택한 중공형(Hollow)이 있다. 아이언의 금속 재질도 연철, 스테인리스스틸, 텅스텐, 티타늄으로 다양하다. 그저 상식선을 표현했다. 가격이 높다고 기능성이 그만큼 차이 나는 것은 아니다.

캐비티(Cavity) 아이언(좌), 머슬백(Muscle) 아이언(우)

• 클럽의 가격은 드라이버가 단연 최고가이다. 퍼터 등 특별한 것은 고가도 있으나 퍼터는 가격보다 매장에서 다양한 중고를 이것저것 만져보고 구매하는 것이 좋다. 새것도 연말 연초 이월상품이라고 해서 대폭 할인이 된다. 본사라고 하는 대리점은 판매를 하지 않는다. 골프용품 판매장에서 사야 하는데, 매장별로 임대료 등이 달라 유명브랜드도 가격 차이가 있는 것은 사실이다.

• 클럽의 구성

드라이버(1번 우드), 3번 우드, 3번 유틸리티, 5번~9번 아이언, 웨지 3개(피치, 50도, 56도), 그리고 퍼터. 총 12개 클럽이면 주말골퍼로는 충분하다. 아이언도 1~5번이 있으나 너무 어렵고 유틸리티가 이것을 대신할 수 있고 스윙이 더 쉽다. 56도 아이언은 샌드웨지로 보면 된다.

• 클럽 헤드커버

드라이버, 우드, 유틸리티, 그리고 퍼터는 헤드커버가 일체형이 대부분이나 아이언은 헤드커버가 없는 경우도 있다. 가급적 아이언도 헤드커버를 씌우는 것이 소란스럽지 않다.

• 그립 교체

골프클럽의 손잡이는 그립으로 덮여 있으며 그립은 소모품이다. 클럽 사용빈도에 따라 다르겠지만 손가락 자욱이 패이거나, 그립이 오래되어 딱딱하거나, 미끄러운 느낌 등이 들면 바꾼다. 물론 그저 선호하는 색으로 바꿀 수도 있다. 메이커의 대리점에서 교체하는 것이 비용 측면에서도 유리하다. 그립 중 개인적으로 신경 써야 할 것은 퍼터그립이다. 비기너라 해도 매장에서 여러 가지 그립을 만져볼 것을 추천한다. 퍼터그립만큼은 자기 손에 맞는 것을 비기너부터 챙기는 것이 맞다. 손에 가득 쥐어지며 안정되는 그립 형태를 추천한다. 퍼터그립은 사각 형태도 좋아 보인다.

6) 장갑

장갑은 왼손에만 끼며 대부분 퍼팅 시 벗는다. 합성피혁과 양가죽 등 천연가죽이 있는데, 천연가죽은 부드럽고 그립감이 뛰어난 반면, 비싸고 사용하지 않아도 오래 보관하면 변질된다. 합성피혁은 저렴하며 10개씩 주문해서, 오래 보관해도 변질되지 않는다. 주의할 것은 규격이 있다. 손 크기에 따라 규격이 있으니 주변 분 것을 먼저 끼워본 후 주문해야 한다.

7) 거리측정기

세컨샷부터 그린이나 홀컵까지 거리는 대단히 중요하다. 거리에 따라 클럽이 선택되고, 어떻게 스윙을 할지 결정되기 때문이다. 육안으로 거리를 추정하려면 부단히 필드를 나가야 하고, 경기하고 있는 홀이 익숙하지 않으면 오차가 클 것이다. 현실적으로 거리측정은 대부분 캐디의 도움에 의존하고 있다.

거리측정기 보다 희망하는 거리를 보낼 수 있는 샷 능력이 더 관건이다. 주변에 그린측정기를 갖고는 있으나 측정된 거리에 정확히 공을 떨어뜨리는 사람은 드물었다. 보기골퍼 수준 이상일 때 큰 효과를 볼 것이다.

거리측정기는 라운딩 도중에도 지속해서 스마트폰을 휴대해서 정보를 읽어야 하는 NFC 측정 방식과 홀핀까지 레이저를 활용하는 레이저 측정 방식(고도 차 등 정확하나 악천후나 안개에는 사용할 수 없다), 그리고 골퍼가 위치 센서를 의류 등에 장착하면, 이동 중 액정과 음성으로 안내해주는 GPS 측정 방식(충전 용량, 방수 여부와 신규 골프장이 등록 여부 확인 필요)이 있다.

8) 의류 / 모자 / 신발

의류 중 상의는 면 종류는 피한다. 골프의류도 면 종류가 있는데 여름에는 땀에 젖어 얼룩지며 보기가 흉해진다. 연습장은 활동성이 보장되면 어떤 복장도 상관없다. 그러나 게스트하우스가 있는 골프장을 갈 때는 등산복 등 유사의류는 피하는 것이 좋다. 격과 분위기에 맞는 의류를 착용하는 것 역시 비기너도 갖추어야 할 매너다.

햇볕을 가릴 모자는 필수적이며 형태는 일반캡형, 썬캡형, 페도라, 헌팅캡 등 다양하다. 하절기와 동절기용이 구분된다. 필자는 썬캡형을 추천한다. 편리하고 머리 위가 오픈되어 상쾌하다.

계절 따라 바람막이, 조끼 혹은 방한복을 여벌로 캐디백에 넣고 가야 한다. 이 모든 것이 골프 전용으로 판매가 되고 있다.

내의는 스포츠 언더라야 땀이 배지 않으며, 양말은 두툼한 등산용도 무관하다.

여성들은 얼굴 전체를 가리는 자외선 차단 마스크를 쓰기도 하는데, 퇴직 후 매주 필드를 나가시던 지인이, 얼굴에 검은 반점이 더 생겨서 치료받는 것을 본 적이 있다. 팔토시도 반팔복장에는 필수품이다.

골프화는 아주 고급진 것은 부드러워 수명이 짧다. 스파이크형과 스파이크리스 형이 있다. 일반적인 골프화는 수명이 10년 이상 가는 경우도 허다하니 처음 구매 시 적정한 수준을 사는 것이 좋다.

5. 자세

여러 가지 자세 등은 본문에 있으니 간략히 기술한다.

1) 그립

그립은 클럽을 후크에 걸어, 내려 끌며 돌리기 위함이지, 꼼짝 못 하게 단단히 쥐는 것이 아니다. 그립의 다양성은 참고할 필요도 없다. 복잡할 뿐이다. 중요한 것은 그립의 윗부분인 왼손의 아래에서 소지, 약지, 중지로 그립을 감아 잡는 것이다. 손바닥으로 그립을 쥐면 안 된다. 손가락으로 감아쥐면, 그립이 공간이 있고, 후크처럼 클럽이 달아나려는 원심력을 공에 터치한다.

팔을 늘어뜨린 수준이 그립과 몸의 거리이며, 본문에 자세한 로프트각에 따른 공 위치에 헤드를 놓으면, 모든 클럽의 샤프트가 저절로 왼쪽 허벅지 안쪽에서 잡힌다.

2) 어드레스

공을 치기 전 자세인 어드레스를 완성한다는 말을 어드레스 셋업이라고 표현한다. 그립을 잡는 거리는 양팔을 늘어뜨린 위치로 같고, 왼쪽 허벅지 안쪽에 위치하는 것도 대동소이하다. 몸보다 클럽을 먼저 두어야 한다.

적정하게 무릎을 굽히고, 스탠스는 어깨너비가 좋다. 체중은 앞쪽으로 약간 더 실어주고, 등은 꼬리뼈에 약간의 힘을 주어 반듯하게 한다. 시선은 공을 내리깔아 보듯 해야 왼쪽 어깨가 턱밑으로 지나가기 좋고, 스윙이 원활하다.

본문에 자세히 기록되어 있다.

3) 체중 이동(Weight Shift)

비기너들이 체중 이동을 의식하여 양발을 교차하여 구르거나, 머리와 몸을 움직이는 경향이 많다. 체중 이동은 몸통의 회전일 뿐이다. 백스윙과 다운스윙을 주도하는 신체 부위가 다르다. 어느 쪽이든 몸 안에 코어(중심)를 갖고 회전하면, 회전 방향으로 체중이 실릴 뿐이다. 체중 이동은 의식할 필요조차 없다. 몸을 기울이거나 좌우로 발을 구르면 절대 안 된다. 연습장에서는 매트가 미끄러워 헤드가 지나가며, 발을 굴러 임팩트되는 시원한 느낌이 있을 수 있으나, 필드의 라이에서 그런 스윙으로는 18홀 내내 뒤땅만 치고 골프는 어렵다고 생각할 뿐이다.

4) 스웨이(Sway)

골프에서 몸이 좌우로 움직이는 경우는 없다. 오직 몸은 코어를 갖고 회전하는 것이다. 스웨이되도 매트가 미끄러운 연습장에서는 공이 맞지만, 필드를 나가는 순간, 다양한 미스샷을 연출하는 악몽을 경험하게 된다.

5) 피벗(Pivot) / 힌지(Hinge) / 코킹(Cocking)

본문에 자세히 나온다. 피벗은 회전축으로 몸통을 돌리는 것이며, 힌지는 왼손을 엄지 쪽으로 꺾어 백스윙과 다운스윙의 궤도 방향이 되는 것, 코킹은 클럽을 머리 뒤로 방향을 잡음과 동시에, 골프채에 스냅을 주기 위함이다.

6) 웨글(Waggle)

손목을 움직여 풀어주는 동작으로, 팔로 치는 어설픈 스윙이 아니라면 그저 스트레칭이면 족하다.

6. 명예의 전당

스포츠나 예술 등 한 분야에서 뛰어난 활약을 보인 사람들을 기념하기 위해 설립된 박물관이나 단체를 말한다. 골프는 현재 미국 플로르디 세인트 오거스틴에 위치한다. 회원 종류는 PGA Tour, Champions Tour, LPGA Tour, 그리고 International, Lifetime Acheivement, Veterans가 있다.

현역이나 은퇴한 선수들 중 전당의 기준을 충족하면 헌액되나 골프 언론사와 기존 명예의 전당 회원의 투표에서 65% 이상의 찬성을 얻어야 한다.

PGA는 연령 45세 이상, 투어 10년 이상 활동, 10승 이상 혹은 4대 메이저대회나 플레이언스 챔피언십 5개 대회 2회 이상 우승.

Champions는 5년 이상 멤버로 활동, PGA와 Champions 20승 이상 혹은 4대 메이저대회, 플레이언스 챔피언십 5개 대회, 시니어 메이저 5개 대회에서 5회 이상 우승.

LPGA는 포인트제로 자격요건이 되면 자동으로 헌액된다.
LPGA 10년 이상 활동, LPGA 메이저 챔피언십 우승, 시즌 최저 평균 타수자 베어트로피 수상, 올해의 선수상 수상 등을 포인트로 전환하여 최소 27점 획득해야 한다. LPGA 공식대회 1점, 메이저는 2점, 베어트로피나 올해의 선수도 각 1점이다. 박세리 선수는 6년 만에 27점을 획득했으나 10년 후 헌액되었다. 박인비 선수는 45세라는 연령 규정에만 미달된 상태다. 신지애 선수는 메이저 2승 등 기준점에 다가가고 있다.

상기와 또 다른 조건과 찬성률, 위촉으로 헌액되는 기회도 있으나 생략한다.
남자는 총 121명, 여성은 39명이 이름을 올렸고, 남녀 통틀어 아시아인은 일본 4명, 한국 1명이다.

Part ❷

독학골프 본문

Part ❷
독학골프 본문

1 첫째도 스윙, 둘째도 스윙

골프는 크게 어려운 것은 없다. 공간이 필요하고, 긴 금속도구로 바닥에 있는 공을 옆으로 치는, 익숙하지 않은 동작이 어색할 뿐이다. 세세한 동작의 디테일보다 스윙을 먼저 익히면, 구질과 궤적으로 디테일을 분석해가며 스스로 하루가 다르게 진보할 수 있다.

그런데 팔로 클럽을 들게 해서 세세한 손 모양 등을 잡아가며 디테일을 먼저 가르치면, 골프는 철학이 되고, 깊은 생각과 번뇌에 빠진 채, 팔로 클럽을 단계별로 들어가며, 골프 스윙이 아닌 골프 흉내를 내며, 결국 팔로 클럽을 휘둘러 공을 때리니 진보가 있을 수 없고, 심지어 돈을 받고 레슨을 해주는 코치가 골프 스윙과 전혀 관련이 없는, 팔만 좌우로 흔들어 공을 때려 보내는 똑딱이를 시키니 돈 주고 모욕을 사고 있다. 화를 내야 하는데 거꾸로 죄지은 열등생 같은 모습이다.

골프 스윙은 8열 종대 행진과 놀이 그네의 예시로, 쉽게 이해할 수 있다. 회전축과 원심력을 쉽게 설명해준다.

8열 종대 행진이란 8명이 옆으로(행) 나란히 서고 8명 뒤로 수십 명이 세로로(열) 줄을 지어 전후좌우 흩어지지 않고 발까지 맞춰 걸어가는 것이다. 군인들 행진을 상상하면 된다. 이때

길이 오른쪽으로 돌아가면 "줄줄이 우로"라는 구호와 함께 행이 오른쪽으로 방향을 트는데, 제일 오른쪽에 있는 사람은 제자리에서 걷는 흉내만 내며 돌지만, 줄의 바깥쪽으로 갈수록 뛰다시피 해야 원을 그리며, 대열이 흩어지지 않고 반듯하게 오른쪽으로 돌아간다.

골프도 몸통이 코어로 작은 원을 그리며 돌아가면, 겨드랑이가 붙어 팔이 같은 속도로 돌고, 클럽도 코어 속도로 돌아가니, 가장 큰 원을 그리는 클럽이 밖으로 달아나려는 원심력의 파워는 대단한 것이며, 팔이 구심력으로 방향을 잡아가며, 그립이 후크처럼 그립을 걸어(잡지 않고) 궤도를 그리게 된다.

전통놀이 그네가 멀리 달아나려는 원심력과 리듬을 잘 보여준다. 그네에 사람을 태우고 뒤로 당겼다 놓으면, 그 높이만큼 반대쪽으로 상승한 후 되돌아온다. 그네에 실린 무게가, 줄을 당기며 바깥으로 나가려는 힘이, 끈이 매달려 있음으로 원을 그린다. 가속을 하고 싶으면, 되돌아온 그네가 멈춘 후 내려갈 때 속도에 맞춰 밀어야 한다. 오르기 전에 급하게 밀면 원심력으로 오르던 관성이 사라지며, 힘을 역행하여 속도는 줄고 균형도 무너지며 흔들려 사람이 떨어진다. 줄이 구심력이며, 사람의 무게가 원심력이다. 줄은 유연하니 이처럼 매달아도 원심력이 발생하나, 클럽샤프트는 단단하여, 그립을 진공처럼 힘주어 쥐면, 원심력이 거꾸로 소멸되어 팔로 공을 때리게 된다.

골프는 머리부터 사타구니가 코어가 되고, 몸통을 회전시키면 그것이 회전축으로 바깥으로 던져지려는 힘, 즉 클럽의 원심력이 나오며, 코어와 팔, 그리고 클럽이 따로 놀지 않고, 코어의 회전 속도와 같이 돌아가면, 가장 큰 원을 그리는 헤드 스피드는 가공할 수준이 되는 것이다.

이 책은 처음 골프에 입문하는 분들을 위한 책으로, 전문적인 표현은 지양하고(물론 필자도 잘 모른다) 스윙 동작을 설명하는 데 중점을 두었다. 목표는 보기골퍼다. 보기골퍼란 18홀 총 72타를 매홀 평균 한 타 오버하면, 핸디18로 평균 90타 내외로 경기를 마칠 수 있는 수준이다.

약 4주면 기본연습이 끝난다. 100일 이내 보기골퍼를 목표로 했으니, 4주 후 남은 70일 동안 독학한 것을 몸이 기억하도록 연습을 하고, 필드를 연속해서 주간 단위로 서너 번 나갈 환경이 된다면, 누구나 목표를 달성할 수 있다. 책을 읽는 진도와 연습을 동시에 하지 말고, 처음부터 끝까지 책을 먼저 읽어본 후, 공감하고 연습장에서 클럽을 드는 것이 순서다. 그 이후는 필요할 때마다 책을 보면 된다.

미리 얘기하면, 4주는 동작 익히기, 4주는 임팩트가 최적화되는 몸이 기억하는 연속 동작, 4주는 스윙 스피드를 높여 하나에 백스윙탑, 둘에 피니시까지 리듬을 갖게 되면 세컨샷까지 완성된 것이고, 4주는 매주 필드를 경험하며 어프로치와 퍼터에 자신감이 붙게 되면 보기골퍼 진입은 불가능한 장벽은 아니다.

앞부분 스윙의 기본원리만 보아도, 입문한 지 오래되고 코치까지 받으면서도 백돌이로 필드 경기를 끝내야 했던 분들은 그것만으로도 문제점을 파악하고 무엇을 해야 할지 알게 될 것이다.

막연한 미지의 세계를 걷는 고행이 아닌, 정상 고지를 정확히 알고 오르는 것이, 성취감으로 성공확률이 높다는 것을 확신한다. 단원마다 유머를 섞지 않았어도, 골프를 하고 싶은 만큼 동기부여로 흥미를 지속해서 유발해줄 것이다. "독학 백일 만에 보기골퍼"란 신기루가 아니다.

독자의 수준을 판단할 수는 없지만, 책 그대로 따라 하는 것이 바람직하며, 그것은 필자가 책임질 명분이 될 것이다. 환경과 개인별 운동능력에 따른 차이가 있을 것이나, 무엇을 해야 하고, 왜 그것을 해야 하는지, 충분한 설명을 해두었기에, 서둘지 말고 각 단원의 동작이 익숙해지고 루틴이 된 후, 다음 단계로 넘어가면, 자연스럽게 목표에 도달할 수 있을 것이다.

편의상 오른손잡이를 기준으로 했으니 왼손을 주로 쓰시는 분들은 미루어 방향만 바꾸어 생각하시면 될 것이다.

매체에 고정 출연하는 강사들은, 끊임없이 소재를 찾아야 하는 부담으로, 극히 디테일한 부분까지 침소봉대할 수밖에 없어, 오히려 스윙에 방해될 수가 있다. 몇 가지 사례를 들어본다.

● 힘 빼는데 3년? 처음부터 스윙을 틀리게 배운 탓, 기초부터 다시

골프에서 힘줄 곳은 없다. 회전 스피드를 높이기 위해, 왼발을 강하게 딛고 골반을 빨리 돌리는 것은, 몸통을 회전시키기 위한 시동이지, 힘주는 것이 아니다. 힘을 주고 있는 상태가 가장

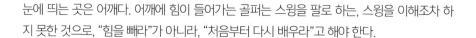

눈에 띄는 곳은 어깨다. 어깨에 힘이 들어가는 골퍼는 스윙을 팔로 하는, 스윙을 이해조차 하지 못한 것으로, "힘을 빼라"가 아니라, "처음부터 다시 배우라"고 해야 한다.

잘 모를 때는 도토리 키 재기를 하니 말이 많아진다. 그래서 백돌이가 말이 많다. 모르면서 조언은 잘한다. 팔로 치니, 힘껏 쳐야 공이 멀리 간다고 생각될 수밖에 없고, 힘을 뺀들 역시 공은 멀리 안 나간다. 힘을 주나 빼나 원심력이 약해서 공은 어차피 멀리 못 간다. 팔로 칠 때, 아일랜드 성 그린이라도 만나면, 해저드에 공이 빠질까 봐, 안 그래도 자신 없는 비거리에 잔뜩 긴장까지 해서, 어깨에 가득 힘을 주면, 경직으로 근육이 수축되며 클럽을 당겨서, 아예 공이 안 맞는 경우도 허다하다. 그래서 또 틀린 말로 조언을 한다. 던지라고⋯⋯. 난센스다. 던지는 골프도 없다.

골프는 처음부터 끝까지 골반이, 몸통이 회전축이 되고, 겨드랑이가 붙어 양어깨가 동시에 회전하면서, 클럽이 밖으로 달아나려는 원심력을 만들면, 팔과 손이 클럽을 후크처럼 걸어, 구심력으로 끌고 가며, 45도로 누운 360도 궤도에 실어 돌리는 것이다. 임팩트란 돌아가는 한 지점에서 공을 맞힐 뿐이다. 스윙 단계 어디에도 힘줄 곳이 없다. 긴장하면 마음이 흔들려서 리듬이 무너지거나, 짧은 스트로크 실수가 있을 뿐, 어느 경우에도 어깨에 힘이 들어가지는 않는다. 스윙을 제대로 배우면, 단 일주일 만에 어깨에 힘이 들어갈 일이 없다. 팔이나 어깨에 힘을 주는 그 자체를 모른다.

● "클럽을 던져라"는 틀린 말이다.

임팩트 후 클럽을 던지는 순간, 회전운동이 직선운동으로 변하며 이것을 의식한 스윙은 뒤땅 등 미스샷을 유발한다. 골프는 코어를 중심으로 회전하며, 후크에 걸리듯, 그립이 클럽을 잡지 않고 원심력으로 바닥을 스칠 뿐이다. 원을 그리며 공을 맞히고 지나가는 것이지, 노리고 던져서 공을 때리는 것이 아니다. 팔로 때리려니, 클럽을 더욱 단단하게 쥐어 원심력은 소멸되고, 당겨진 근육으로 맞지 않으니, 임팩트 순간이라도 풀어 던지라는 것이다.

매트 위 연습은, 긴장을 덜한 데다 헤드를 던져도 매트가 탄성이 있고 매끄러우니, 때린 후 헤드가 빠져나간다. 연습이 된 걸로 알아 필드에 나가면, 던질수록 뒤땅이고, 힘줄수록 탑핑으로 뱀샷이니 하며 남들은 즐기는 시간에, 수모와 번민으로 고통의 시간을 보내게 된다. 틀린 조언 때문이다.

● 백스윙을 낮고 길게 빼는 건 없다.

백스윙은 양쪽 겨드랑이를 붙인 채, 헤드페이스가 공을 보고 그립이 우측 허벅지 앞에 갈 때까지 손목도 안 쓰며 어깨와 골반을 뒤를 돌리는 것이 첫 단계다. 상 하체가 동시에 움직이며, 온몸으로 시동을 거는 방법이다. 그런데 헤드를 낮고 길게 빼려면, 오른쪽으로 팔을 뻗어 그립을 낮게 내미는 순간, 360도 궤도부터 자세까지 모두 망가져서, 첫 단추부터 틀리게 된다.

● 헤드 무게를 느껴라.

대단히 어려운 주문이다. 헤드 무게를 느낄 필요가 없다. 백스윙탑에서 어깨, 허리, 그리고 골반 순으로 비틀린 몸이, 더 이상 돌아가지 않는, 압축 한계를 느끼면 된다.

● 그립을 쥔 손에 공간이 있어야 한다.

맞는 말이나 공간을 만드는 것이 아니라 왼손의 소지, 약지, 중지 손가락만으로 그립을 감아 쥐면 저절로 손바닥 가운데 공간이 생긴다. 그립은 손바닥으로 쥐는 것이 아니다. 그립 내 공간이 클럽에 원심력의 관성을 유지시키며 끌어 내린다. 클럽은 원심력으로 달아나려 하지만, 손가락으로 걸어 끌어 내려 원을 그리며 공을 맞힐 뿐이다. 그립을 잡는 것이 아니라 걸어 끌어 내릴 뿐이고, 공을 때리는 것이 아니라 원을 그리는 도중에 맞히고 지나간다.

● 체중 이동은 없다.

체중 이동은 몸통(코어)을 회전시키는 동작일 뿐이다. 코어를 유지한 채 몸이 돌아가면, 돌아간 쪽 발바닥에 저절로 체중이 실려진다. 체중 이동은 의식할 필요가 없다. "백스윙 때 왼발을 든 후, 내디뎌 구르며 체중 이동을 연습하라?" 가히 난센스 강의다.

● 쓸어 치고, 찍어 치고는 없다.

어프로치나 퍼터 외 모든 클럽의 스윙은 동일하다. 거리에 맞는 클럽의 모양(로프트각, 샤프트길이)에 따라, 어드레스 셋업 시 공을 놓는 위치가 달라질 뿐이다. 클럽 헤드페이스를 공에 맞춰두면, 모든 클럽 그립은 똑같이 왼쪽 허벅지 안쪽에서 잡힌다. 결국 스윙은 같다.

드라이버처럼 로프트각이 작아 헤드 면이 수직이면 공 옆을 때려야 하니, 공을 왼쪽에 두고 헤드도 거기 맞춰두지만, 로프트각이 작은 만큼 샤프트 기울기가 없어, 공 위치와 비슷하게 왼쪽 허벅지 안쪽에서 그립이 잡힌다.

50도 웨지는 로프트각이 커서, 왼쪽에 공을 두면 누인 헤드페이스가 중앙을 지나 하늘을 보게 되며, 엣지로 공의 상단을 때려, 미스샷이 되므로 눌러 맞추듯 내려간 후 공 밑을 파고들어야 하니, 공을 오른쪽에 두지만 로프트각이 큰 만큼 샤프트가 왼쪽으로 많이 기울어져서, 역시 왼쪽 허벅지 안쪽에서 그립이 잡힌다. 그래서 스윙은 클럽별로 차이가 없다.

더욱이 비거리가 중요하니 로프트각이 작은, 멀리 치는 클럽은 원심력이 더 커지도록 샤프트가 길어진다. 반대로 정확한 지점에 떨어뜨리는 목적인 아이언은 로프트각도가 커질수록, 번호가 커질수록, 원심력을 줄여 샤프트길이가 짧아진다.

똑같이 스윙을 할 뿐인데, 클럽이 용도별로 제작되어, 쓸어 치고 찍어 치는 효과를 낼 뿐이다. 스윙은 100% 같다.

한편, 매체에 나오는 프로 강의 중, 고정 출연자인 강사가 시청자를 대상으로 무언가 늘 소재를 개발해야 하는 프로가 아닌, 강사는 고정이지만 매주 바뀌는 비기너가 수강자로 동시에 출연하는 프로를 보면, 매주 바뀌는 비기너 출연자들의 독특한 스윙이 흥미를 유발할 뿐, 티칭프로의 강의는 늘 매회 똑같은 강의가 반복되는 것을 볼 수 있다. 골프 스윙은 그렇게 일관되고 단순한 것이다. 보기골퍼, 주말골퍼에게 학문 수준의 골프이론을 강요할 필요도 없고, 그저 반듯이 원하는 거리만큼 보낼 수 있는 스윙이면 족하다.

거듭 강조하거니와 먼저 책을 끝까지 정독한 후에, 본인의 수준과 환경에 맞는 일정을 수립하여 연습하다 보면, 오른쪽, 왼쪽 허리 등에 골프 스윙에 적합한 근육이 만들어지며, 양팔과 손은 그저 원심력을 전달하며 클럽을 안정된 방향으로 유도할 뿐, 유연한 힙턴만으로 훌륭한 샷을 해낼 수 있을 것이다.

이 책으로 독학 후 보기골퍼가 된 이후 더욱더 골프 능력을 키우고 싶다면, 국가대표 출신이나 최소한 KPGA, KLPGA 출신 중 코칭이 뛰어난 분에게 포인트 레슨을 받는 경로가 현명하다. 지역의 생계형 코칭에 의존하면 카오스에 빠질 확률이 대단히 높다.

2 연습장 선택

4주간은 제한된 시간에 타석에 자동으로 공이 나오는 연습장은 피한다. 책도 보아가며 여유롭게 할 수 있는 3~4m 앞 타깃 천이 걸린 실내 연습장이 좋다. 독학이 전제조건이다. 실내 연습장 코칭을 청하면 안 된다. 거주하는 아파트의 커뮤니티시설에 그런 실내 연습장이 있는 경우 최상이며, 근무지 등 접근성이 좋은 곳에 그런 곳을 찾을 수 있으면 좋다. 스크린 연습장도 피한다. 스윙을 이해하고 루틴이 된 후 실외 연습장이나 스크린 연습장을 찾아야 한다.

정확하게 확인이 되는 KPGA나 KLPGA 출신이 아닌, 코칭은 피한다. 대부분의 목표는 레슨 기간을 늘리는 데 있다. 혹은 가르칠 능력이 부재하다. 지역 연습장 코치들이 제 역할을 했다면 주말골퍼 수준이 어렵다고 생각하는 사람은 진작 사라졌을 것이다. 거의 대부분 돈을 주고 수모를 사게 된다.

책을 처음부터 끝까지 완독 후, 이해와 공감을 먼저 한 후 책과 연습을 병행해야 바른 스윙을 할 수 있다. 임의로 동작하지 말고, 책에서 하라는 대로 그대로 해야 한다.

4주 차로 끝나는 연습이 된 후, 당연히 150m 내외로 그물이 쳐진, 실외연습장이나 스크린골프장 등에서, 클럽별 특성이나 비거리를 확인하며, 연습하는 것은 당연한 수순이다. 공이 맞아 들어가며 골프에 흥미를 더 할 것이다.

위와 같은 수준이 되면, 접근하기 쉬운 스크린 게임으로 경기 감각을 테스트할 것인데, 필드와는 현저한 차이가 있다. 스크린은 고정된 타석에서, 화면을 움직이며 반듯이 보내기만 하면 되고, 미끄러운 매트로 미스샷도 커버되나, 필드는 라이 상태가 천차만별이며, 에이밍이 만만하지 않고, 해저드 등 장애물에 대한 부담 등이 있다. 스크린의 성적에 자만하거나 거기서 연습이 끝나서는 안 된다.

❸ 100일 이내 보기골퍼가 되기 위한 조건

이틀에 한 번은 연습장을 가야 한다. 매일 하면 더 빠른 습득이 될 것이다. 다음 연습까지 인터벌이 길면, 처음부터 다시 해야 한다. 연속성의 중요성은 이론이 아니라 몸이 기억해야 연습효과가 있기 때문이다.

연습할 시간이 불규칙하거나, 인터벌이 길어지는 환경이면 골프를 시작하지 않는 것이 좋다. 어떤 사람이 가르쳐도 할 수 없다. 몸이 기억해야 진보가 있다. 머리로 말로는 누구나 잘 칠 수 있다. 본인이 현재 골프를 시작할 수 있는 환경인지 먼저 판단해야 한다.

물론 보기골퍼가 된 후는 본인의 루틴이 있음에, 한동안 놓았다 해도 잠깐의 연습으로 몸이 기억하고 있던 스윙이 되살아날 수 있으나, 비기너로 독학하는 과정에서 일주일쯤 공백이 있는 경우, 처음부터 다시 하지 않으면 바른 스윙이 될 수 없다.

70세 이상으로 유연성이 현저히 떨어진 경우, 골프를 처음 시작하는 것은 무리가 따른다고 본다. 안 쓰던 근육으로 몸을 회전시키려면 유연성이 필요하고, 원심력이 실린 도구가 주는 무게로 자칫 건강을 해칠 수가 있다. 비슷한 파크골프 등을 추천해드린다. 물론 젊은 시절부터 스윙을 익힌 경우는 고령층도 문제가 없다. 꼭 해보고 싶다면, 충분한 스트레칭과 몸을 쓰는 스윙을 책을 보고 이해할 수 있다면, 4주로 끝낼 것이 아니라 두 배 정도로 시간을 늘리면, 불가능한 도전은 아니다.

앞에서 행한 스윙은 다음 진도를 나가기만 하는 것이 아니라, 연습 때마다 반복해준다. 스윙이 완성될 즈음은 매 연습마다, 드라이버, 우드, 유틸리티, 그리고 아이언별 모두를 거리감을 느끼며 스윙을 하고, 웨지로 어프로치 등 모든 클럽을 사용하며 연습해야 한다.

4주에 스윙이 완성되면, 지체 없이 실외 연습장에서 비거리와 방향성을 테스트하며, 연습을 해야 한다. 골반(힙턴)의 회전이 지속되며, 점차 오른쪽 옆구리를 중심으로 근육이 형성되고 유연성과 속도가 증가하며, 클럽의 스피드가 높아지고 비거리가 증가할 것이다.

보기골퍼의 기준은 필드 성적이다. 마지막 단계에서는 필드를 매주 1회, 연속 4주 이상 나가는 것이 바람직하다. 짧은 시간에 필드 경험을 수 회 쌓아야 역시 몸이 기억한다. 이런 연속적인 초기연습이 장기적으로 비용 측면에서도 비교할 수 없을 만큼 효율적이다. 봄가을 한 번 정도 필드를 나가면서, 실력 향상을 기대하면 욕심이다. 초기 연속된 필드 경험으로, 보기성적을 달성하고 난 후는 공백이 있어도 몸이 기억하는 그대로 짧은 연습으로 바로 복구가 된다. 특히 어프로치, 퍼팅이 보기골퍼 진입의 관건이고, 이것은 필드에서 경험하지 않으면, 실력이 늘지 않으며, 이것을 극복하지 못하면 그린 주변에서 타수를 모두 잃고, 보기골퍼 진입이 불가능해진다.

물론 4주에 끝나는, 이론을 몸으로 기억하는 과정에 이어, 드릴을 통해 연습장에서 드라이버가 180m 수준으로 뻗어가고, 아이언이 클럽별로 거리 차가 확연할 때 필드에 나가는 것은 당연하다.

필드와 유사한 파3 홀 연습장 등은 생각보다 실력 향상에 아무런 도움이 안 된다. 폭이 작은 스윙은 몸이 기억도 못 한다. 필드에서 풀스윙을 하고, 점수를 계산하며, 매너스를 익히고 카트를 타고 캐디의 도움을 받아가며, 다양한 라이 상태와 해저드에 대한 부담을 경험해야 복기가 되고 몸이 기억한다.

어프로치는 기본적인 스윙과 논리를 이해한 후, 나만의 것으로 만들기 위한 부단한 연습이 필요하다. 이것은 인도어 150m 수준 그물망이 있는 골프장보다, 3~4m 타깃 천이 있는 실내 연습장이 더 유리하다. 정확하게 같은 곳을 맞게 하고, 코앞의 타깃 천을 로브샷으로 넘기는 시도 등이 본인의 클럽을 자유자재로 사용할 수 있는 능력을 키우게 한다.

퍼팅은 경사 없는 5m 수준을 꾸준하게 일정하게 연습을 하는 것이 좋다. 그것을 기준으로 몸이 기억되게 한 후 거리나 경사에 따른 스윙 크기나 회전 스피드로 응용을 하고, 그린은 워낙 시간대별로 계절별로 공이 구르는 속도가 차이가 나는 만큼 실전경험을 지속해서 쌓는 것이 중요하다.

누군가 넓은 정원의 소유자가 돈내기에 흥분하여 마당에 그린을 만들었다고 한다. 픽션은 아니다. 그러나 골프장에서 가장 관리가 까다롭고 어려운 것이 그린이고, 관리자 급여가 가장 높을 만큼 유지관리비가 많이 든다. 이것을 개인이 관리한다는 것은 불가능하여, 얼마 안 가 풀밭이 되었다고 한다. 그렇게 절박할 만큼 퍼팅은 성적에 지대한 영향을 준다.

4주로 논리를 몸으로 이해하고, 드릴과정을 거쳐, 인도어, 스크린, 그리고 필드 경험을 인터 벌 없이 쌓으면, 필자의 논리가 틀리지 않았다면 100일 이내 보기골퍼에 충분히 진입할 수 있다(보기골퍼란 72타에 매홀 1개의 오버파만 한다는 것으로 쉽지 않은 목표다). 단, PGA도 LPGA 출신도 아닌, 지역코치의 도움을 의존하면 처음부터 다시 하는 상황이 도래할 가능성 이 크다.

4주는 구분 동작을 포함하여 동작을 익히고, 4주는 본인의 스윙이 스윗스팟에 정확하게 임팩 트되도록 연속 동작을 몸이 기억하도록 하며, 4주는 풀스윙을 하나(백스윙탑), 둘(피니시까 지)이라는 리듬을 타도록 스피드를 높여야 한다. 이렇게 되면 세컨샷은 문제가 없다. 마지막 4주는 매주 필드를 나가며, 어프로치와 퍼터를 경험하며 그것을 기반으로 맹연습하면 100일 에 보기골퍼는 허언이 아닌 것이다.

4 시작할 때 필요한 도구

연습장에는 일상복도, 편리한 운동복도 좋다. 와이셔츠도 단추 한두 개만 풀면 충분히 연습을 할 수 있다. 물론 향후 필드를 나가게 되면, 클럽하우스나 그린에 맞는 복장을 갖추어야 함은 당연하다. 비행기도 퍼스트클래스 티켓을 구매할 능력뿐 아니라, 격조에 맞는 품격이 겸비되어야, 동행하는 고객들에게 실례가 되지 않는 것이다.

1. 클럽

골프클럽은 드라이버, 우드, 유틸리티, 아이언 세트, 퍼터로 구성된다. 지인이 쓰던 것을 받으면 좋으나, 구매해야 한다면 굳이 연습용을 살 필요는 없다. 중간에 포기하지 않으면 100일 후 보기골퍼인데, 능력이 되는 한 처음부터 마음에 드는 것을 사길 권한다. 클럽은 10년을 써도 큰 문제가 없다. 체형 등 몸에 맞추는 피팅을 추천하지는 않는다. 특별한 체형이거나 시합에 참가하는 선수가 아니라면 기성품으로 충분하다. 큰 차이도 없다. 앞에 있는 골프 도구를 참조하면 된다.

클럽은 오래 사용한 경우, 그립은 새것으로 교체해서 쓴다. 대리점이 있는 메이커의 경우, AS 요청을 하면 시중보다 저렴하게 그립을 교체해 준다.

1) 드라이버

모든 클럽 중 헤드가 가장 커서 스윗스팟 면적이 크고, 샤프트가 가장 길어 원심력이 가장 큰 클럽이니 비거리가 가장 많이 나간다. 속이 빈 금속이며, 가격도 두드러지게 고가다. 1번 우드나 드라이버로 통용된다. 헤드가 크지만 무게는 가볍고, 원심력이 크니 임팩트 강도가 높아, 실금이 생길 수 있다. 유상 AS를 기준으로 의외로 샤프트가 헤드보다 비싸다. 그만큼 드라이버는 샤프트가 중요하다. 샤프트 강도가 구분되며 본인에 적합한 것을 선택하면 된다.

로프트각도가 수직에 가까우니, 공은 왼쪽에 두어 옆을 때리고, 헤드가 크니
공을 바닥에 두면 페이스의 스윗스팟에 공을 맞힐 수 없어 티에 올려두고 쳐야 한다. 이른바 어퍼블로우다. 18홀 중 파3 4개 홀을 제외한, 파5 홀과 파4 홀의 티샷에서만 사용한다.

※ 1970년 전후 금속클럽이 등장하며 우드는 사라졌지만 1번 우드 드라이버, 2번 우드 브라시, 3번 우드 스푼, 4번 우드는 버피, 5번 우드는 클리크라는 각각의 별칭이 있었다. 지금은 드라이버 외 나머지는 모두 우드로 통용한다.
3번 우드를 많이 사용한다. 헤드를 감나무 등 단단한 나무토막을 깎아 만들어 우드라 하나 현재는 금속 막으로, 속이 비어 있다.

2) 우드, 유틸리티, 그리고 하이브리드

우드는 대개 3번을 쓰니 스푼이라 하나, 페어웨이우드란 별칭이 있다. 로프트각이 적어 공 옆을 때려야 하고, 바닥 솔이 넓어 바닥을 미끄러지며 임팩트되니, 러프나 라이가 불안하면 사용할 수 없기 때문이다.

유틸리티는 헤드 생김 때문에 고구마란 별칭이 있고, 우드보다 샤프트가 짧고, 아이언보다 헤드가 크며, 로프트각이 작아 우드와 아이언의 중간 역할로 비교적 스윙이 쉽다.

하이브리드는 롱아이언의 대용이다. 하이브리드는 유틸리티와 중복되는 느낌으로 사장되고, 아이언과 스윙이 비슷하고 쉬우면서 비거리는 롱아이언 이상 나오는 유틸리티를 주로 쓴다.

우드와 유틸리티는 어차피 아이언보다 멀리 치려는 용도라면, 3번으로 준비하는 것이 맞다. 샤프트 강도, 로프트각 등 디테일이 있지만 샾에서 추천하는 보편적인 것을 선택하면 된다.

둘 다 비거리를 확보하는 클럽이다. 모든 클럽은 같은 힘, 같은 스윙으로 치면 클럽별로 설계된 고유 능력이 거기에 맞는 결과를 가져온다. 우드나 유틸리티 클럽도 360도 원을 그리는 스윙으로, 헤드를 공에 맞히기만 한다는 마음가짐으로 임하면, 쉽게 임팩트되고 멀리 날아간다.

우드와 유틸리티는 대체로 세컨샷으로 잔디를 스치며, 오물이 많이 묻는다. 모래가 묻은 상태로 공을 치면, 헤드페이스에 모래 자욱이 파일 수 있으니 주의해야 한다. 연습장에서는 클럽을 너무 자주 닦을 필요는 없다.

3) 아이언 세트

대개 5번부터 9번, 그리고 피칭웨지(48도), 어프로치웨지(50도), 샌드웨지(56도 전후)로 구성된다. 번호가 빠를수록 샤프트가 길어 원심력이 크고, 헤드 무게는 작고, 로프트각이 작아 헤드페이스가 수직에 가깝다. 로프트각이 커서 헤드가 누우면, 공은 뜨고 비거리는 적고 덜 구른다. 그래서 아이언 번호가 클수록 샤프트는 짧아져 원심력은 줄고 비교적 정확한 목표에 떨어뜨리기 쉽다.

웨지는 솔에 표시가 있다. 알파벳으로 피칭 P, 어프로치 A, 샌드 S로 되거나, 로프트 각도인

48~60 등으로 표기되어 있다. 웨지는 어프로치샷으로 그린 근처에서 사용되는 클럽이다.

5번부터 9번, 웨지는 피칭, 어프로치, 그리고 샌드 8개로 구성하면 되고 헤드커버를 씌우는 것이 좋다.

아이언 샤프트는 스틸과 그라파이트(카본) 두 종류가 대표적이다. 둘 다 진보를 거듭하여 큰 차이를 느낄 수 없을 정도다. 이론적으론 그라파이트가 가볍고 탄력이 좋아 비거리에 유리하고 스틸은 더욱 빠른 스윙 스피드를 요구하고 정확도가 우수하다곤 하지만, 본인이 클럽을 만지고 약간 흔들어보고 느끼는 감으로 선택해도 될 만큼 큰 의미는 없다. 그라파이트가 더 비쌀 수도 있으나 역시 기술적 진보로 가격도 같아지고 있다.

아이언 세트에 샌드웨지(56~60도) 포함 여부를 확인해야 한다.

4) 퍼터
퍼터는 그린 위에서 홀에 공을 넣기 위한 클럽이다. 퍼터는 중고도, 저가제품도, 어떤 것도 관계없이 느낌이 오는 것을 선택하면 된다. 가격도 전혀 상관이 없다. 퍼터는 크게 일자형 블레이드와 여러 가지 말렛형이 있다.

2. 가방(캐디, 보스턴, 항공, 그리고 파우치)

신차 구입 시 캐디백을 프로모션으로 주기도 하지만, 중고마켓에 저렴하게 내놓는 것을 사도 된다. 재질도 다양하다. 남녀 것이 컬러와 크기 차이가 있다. 고가품은 의미가 없다. 골프를 잘 하는 사람의 품격이 높아 보일 뿐이다. 연습장에서도 클럽이나 캐디백에는 별 관심을 보이지 않는다.

몇 개의 클럽만 넣을 수 있는 하프백도 있지만 실제로 쓰는 경우는 드물다.

남녀 것이 색상과 크기 무게에 약간 차이가 있다. 고령자나 여성은 바퀴가 달린 것이 편할 수도 있고, 지지대가 달려서 약간 눕혀 세우면 클럽을 꺼내고 넣기 편리한 것도 있다. 캐디백 안에는 골프 우산 하나쯤 들어 있어야, 최근 아열대 기후 특징인 스콜 현상 때 대비가 된다.

비행기 탑승 시 캐디백은 탁송하게 되니, 함부로 열어 보는 등, 분실과 파손을 방지하기 위해 의무적으로 항공백에 넣어야 한다. 캐디백과 별도로 장만해두는 것이 좋다.

캐디백은 주머니가 많아, 공, 신발, 장갑, 의류, 그리고 음료와 음식까지 들어갈 수도 있으니 본인에 맞는 크기를 미리 생각하고 구입하면 된다. 특히 캐디백에는 이니셜 등 명찰을 달아야 한다. 클럽 하우스에서 지정된 카트에 실을 때 확인하기 위함이다.

보스턴백은 클럽하우스에서 갈아입을 옷이나 신발 등을 넣은 것인데, 굳이 캐디백과 동일한 메이커를 선택할 필요는 없다. 오히려 평상시 여행할 때 사용할 수 있는 것이 좋다. 클럽 하우스에 도착하면, 도우미들이 캐디백은 카트에 싣고, 보스턴백은 본인이 라커룸으로 들고 간다.

옷을 갈아입거나, 샤워를 위한 라커는 벌거벗고 만나는 장소이니 가방이 겉치레 역할을 할 수도 있어, 보스턴백은 여행을 겸한 고급으로 장만해도 좋을 듯하다.

파우치는 여성이 더 필요하다. 남성은 주머니에 공을 넣고, 휴대폰은 카트에 두면 되지만, 여성의 경우 필요한 물건을 넣어 카트에 두고, 활용할 때가 많을 것이다.

3. 신발

골프화의 가장 큰 특징은, 잔디가 무성한 경사진 언덕에서 미끄러지지 않고 버티며, 어드레스 자세를 취할 수 있고, 경사를 타고 오를 수 있도록 되어 있다. 밑창은 스파이크와 비브람 등 여러 소재가 있다. 골프화가 펑크가 나서 바꾸는 경우는 거의 없다. 처음 구입할 때 좋은 것을 신는 것이 현명하다.

4. 의류

의류는 사계절 상하의와 바람막이, 모자, 벨트, 팔토시, 기능성 언더, 양말 등이다. 연습장은 추리닝도 상관없겠지만, 필드에서는 골프복장이, 클럽하우스에서는 골프복장이나 최소한 반 정장이 매너스다.

의류 중 상의는 간혹 땀이 배는 천이 있는데 피해야 한다. 한여름 언더를 뚫고 땀에 젖은 상의가 민망할 수 있다.
모자는 헌팅캡 등 다양하나, 동절기가 아니면 바이저캡이 실용적이다. 썬캡 형태로 자외선을 가려주고 머리는 공기가 통한다.

바람막이는 얇은 것으로 준비할 수도 있고 조끼가 바람막이를 대신 하기도 한다. 의류는 계절도 중요하지만, 항상 필드에 나가기 전 해당 일자의 일기예보를 보고 대비해야 낭패가 없다.

5. 공 & 장갑

골프공의 겉면은 울퉁불퉁하게 파여 있다. 보조개와 같아서 딤플이라고 하는데 공기저항을 줄여서 더 멀리 날아가게 한다.

골프공은 2피스부터 5피스까지 있고 코어와 커버(우레탄)로 구성되면 2피스, 그 사이에 맨틀이 추가되면 3피스부터 5피스로 나뉜다. 비거리는 2피스가 좋고 5피스 정도면 여러 샷마다 컨트롤이 잘 되니 프로들이 사용하는데 가격도 비싸지만 보기골퍼가 그 차이만큼 효율을 낼지는 미지수다. 꺼내어 공만 보았을 때 구분하기도 쉽지 않다. 겉에 표시된 숫자의 색깔로 강도를 나타내기도 하나, 비기너는 공을 구분할 필요 없다. 실용을 우선으로 하면 된다.

골프장에서 공을 주워 다시 파는 로스트볼이 있다. 비기너는 로스트볼이 현명하다. 로스트볼도 구매 시 이니셜을 새겨주기도 한다. 로스트볼은 물속에 오래된 공을 유명상표로 다시 코팅한 것은 피하는 것이 좋다. 쉽게 구분된다.

골프공은 퍼팅 라인과 일치시켜 둘 수 있도록 라인이 그려져 있다.

장갑은 골프클럽 그립 윗부분을 쥐는 손에 착용한다. 대부분 왼손이다. 클럽이 미끄러져서 날아가지 않고 그립에 안정감을 준다. 감각을 위해 오른손은 장갑을 끼지 않지만, 한겨울에는 양손에 겨울용 장갑을 착용한다. 그린 위 퍼팅을 할 때는 감각을 위해 장갑을 벗는다. 벗지 않아도 상관은 없다. 비가 올 때는 가죽이 미끄러움으로 작업용 면장갑이 편할 때도 있고, 우천용 장갑이 있다.

재질은 합성이 내구성이 좋다. 특히 여러 컬레를 사둘 때는, 반드시 합성 장갑이라야 한다. 천연양피는 부드럽고 착용감도 좋지만 사용하지 않고 오랜 시간 보관하면, 상태가 변한다. 합성 장갑은 10장 정도 장시간 보관하며, 꺼내 써도 변질 우려가 없다.

중요한 것은 손바닥과 손가락 크기에 적합한 규격을 사야 한다.

6. 기타 : 볼마크, 티, 거리측정기 잔디보수기 등

피부에 바르는 자외선 차단제는 골프하우스에 비치되어 있다,

볼마크는 동전 등 대용할 것들이 많으나, 철 받침을 모자에 꽂아두고, 자석 볼마크를 수시로 떼고 붙이는 것이 편하다. 홀컵에서 먼 순서로 퍼팅하는 데 공이 방해되지 않도록, 물과 잔디 등 오물을 닦기 위해, 공을 집어 들기 전, 공 뒤에 두어 위치표시를 한다.

티는 티박스에 한해, 공을 올려놓고 치기 위해 바닥에 꽂는 것으로, 긴 것과 짧은 것이 있다. 드라이버는 어퍼블로우샷이니 당연히 긴 것이고, 짧은 것은 파3 홀 등 드라이버 아닌 클럽으로 티샷할 때 쓴다. 숏티를 꽂는 이유는 매트나 잔디에 두고 치는 것보다 스윗스팟에 맞히기가 용이하기 때문이다.

롱티는 가로선이 표시된 것이 본인의 샷에 맞는 높이로 세우기에 좋다. 꽂지 않고 바닥에 두고 올릴 수 있는 것 등 다양하다. 그러나 티샷의 품격은 꽂아 쓰는 티가 어울린다.

티잉 그라운드는 홀컵으로부터, 거리표시가 되어있고, 거리별로 다섯 가지 레벨로 차별화되어 있다. 레드(여성), 골드(실버), 화이트티(남성), 블루티(상위자), 그리고 블랙티(프로)로 구분된다. 대개 레드, 화이트, 그리고 블루티 정도로 분류되어 있다.

세컷샷부터 캐디가 도와주나 원칙적으로는 골퍼가 거리측정을 해야 한다. 이때 거리측정기 도움을 받는다. 비기너는 클럽별 비거리가 일정하도록 연습하고, 필드에서 임팩트순간 힘이 들어가지 않도록 주의하여, 자신감 있는 골반스윙으로 헤드를 정확하게 공에 떨구어 주면, 자신도 놀랄 만큼 정확히 목표점에 공이 떨어질 때 환희를 느낄 것이다.

잔디보호기는 망가진 그린을 보수하는 도구로 파인 곳 주변 잔디를 모아서 메꾼 후 퍼터 솔로 두드려 메우는 것이다.

5 독학해야 하는 이유

골프는 긴 클럽으로, 바닥의 작은 공을 왼쪽으로 보내는 생소한 동작이, 평소에 쓰지 않던 근육 등으로, 어렵게 느껴진다. 보기골퍼 수준만 돼도, 드넓은 잔디와 자연을 나만의 공간으로 하여, 시원하게 공을 날린 후, 그 공을 따라 걸으며 담소하고 격렬하지 않으며, 각자의 핸디캡에 맞는 실력을 발휘하면 되니, 18홀 내내 상대에 대한 예의를 지키며 즐기면, 건강과 정서에 최고의 안정을 가져오고 매번 색다른 추억을 선물한다.

그러나 엄격한 티칭라이선스 제도나 커리큘럼이 부재하니, 검증되지 않은 생계형 지역골프 코치들이, 입문자들을 제대로 가르치지 못해, 골프를 쉽게 배우고 즐기는 것이 어렵다. 이래 저래 시간을 끌며, 반년 이상 온갖 수모를 겪으며 코치를 받고도, 백돌이 수준에 머물고, 기본 스윙을 이해조차 못 하고 팔로 클럽을 들어 내려치며, 할 수 없이 또다시 코치를 찾는 일이 반복되는 것을 다 알면서도 이를 바로잡으려는 노력이 없다는 것은, 한국 골프가 세계적으로 성장하는 것과 대비하면 지나친 방관이라고 할 수 있기에, 이것이 책을 쓰게 된 동기이자 책으로 독학을 권장하는 바이다.

가장 기본적인, 원심력을 만들어 팔과 클럽에 전달하는 스윙을 가르친 후, 디테일로 들어가면 단기간에 시원하게 공을 날릴 것을, 팔로 클럽을 들게 한 후 디테일을 우선 강조하며, 바른 스윙만 하면 자연스럽게 진행되는 동작을, 정지된 상태에서 팔이나 손 머리 등을 잡아 억지로 모양을 만들어 기억하게 하니, 고민과 번뇌에 빠진 채 기억하고 흉내 내며, 거꾸로 죄스러워 하는 딱한 현상이 전개된다. 입문자가 오면 무조건 골프와 관련 없는 똑딱이로 몇 주를 보내는 수모를 주기도 한다.

이런 행위의 결과로 한때 골프 인구가 급증하는 시점에, 길을 걸으며 팔을 앞뒤로 흔드는 행위나, 가만히 서 있다 양손을 쥐어짜듯 그립 쥐는 포즈를 취하는 흉물스러운 연출을 하는 분들이 많았는데, 이 역시 그분들을 코치한 사람 탓이다. 돈을 주고 모욕을 사고 있는 것이다.

독학하라. 이 책은 당신을 빠르게 보기골퍼로 진입하게 할 것이다.

6 피벗드릴(골프근육 만들기)

잠시 서 있을 틈만 있다면 하루 50번 이상 습관처럼 행할 때 골프 실력이 일취월장할 회전축 (피벗-Pivot)에 익숙해지는 동작을 제시한다. 스윙 동작이 원활해지고 풀스윙 개념을 이해하게 된다.

어깨너비로 반듯이 서서 겨드랑이를 붙인 채, 양 손바닥을 기도하듯 붙여, 가슴높이에서 팔목을 110도 전후로, 붙인 손바닥을 약간 앞으로 내민다. 가슴을 곧게 펴고, 양발은 11자로 반듯하게 앞을 본다.

머리부터 사타구니까지 세로로 코어가 있다고 생각하고, 그것을 중심으로 몸을 우측으로 서서히 압축한 후, 왼쪽으로 빠르게 턴을 할 것이다. 이것이 회전축이자 피벗드릴이다.

상체를 우로 좌로 회전시킬 것인데 양쪽 발바닥이 지면에서 떨어지지 않게, 몸이 흔들리거나 기울어지지 않고 반듯하도록 유지한다.

시선은 처음에는 회전 방향을 따라가나, 익숙해지면 정면을 공이라 생각하고, 고정시킨 후,

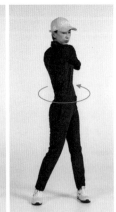

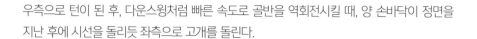

우측으로 턴이 된 후, 다운스윙처럼 빠른 속도로 골반을 역회전시킬 때, 양 손바닥이 정면을 지난 후에 시선을 돌리듯 좌측으로 고개를 돌린다.

첫 번째, 겨드랑이를 붙인 채, 양 손바닥을 붙이고, 합장하는 자세보다 약간 더 앞으로 내민, 팔꿈치 각도를 약 110도 정도로 유지한 채, 반듯이 서서, 오직 양어깨로만 상체를 우측으로 회전한다. 반드시 양어깨로만 회전해야 한다. 허리와 골반이 따라서 뒤로 회전하며 비틀리나, 회전의 주체는 양어깨로, 오른쪽으로 약 90도 정도 돌아간다.

겨드랑이가 붙은 채, 어깨를 회전하니 당연하게 가슴이 같이 돌고, 손바닥을 마주 댄 양손 역시 여전히 가슴 앞에 위치한다. 회전하니 우측 발바닥 뒤꿈치에 체중이 실려짐을 느낄 것이다. 어깨가 주도하는 회전이 한계가 온다.

두 번째, 합장한 손이 90도쯤 돌아갔을 때, 어깨를 더 비틀지 못하는 한계가 온다. 이때 허리를 뒤로 돌려 비틀고, 이어서 골반까지 뒤로 팽팽하게 돌리면, 양어깨와 마주 댄 양 손바닥도 더 돌아간다. 회전 주체가 위에서 아래로 내려가며, 어깨 회전이 한계가 오면, 허리와 골반을 돌린다. 팽팽하게 긴장되어 더 이상 뒤로 돌리지 못할 만큼 최대한 압축한다. 피벗이란 회전축이니 머리부터 사타구니까지 봉(코어)이 있는 것처럼, 반듯이 서서 회전해야지 좌우로 기울어지면 안 된다.

합장한 손이 뒤로 약135도쯤 돌아가면, 허리 골반을 아무리 더 비틀어도 더 이상 돌아갈 수 없는 한계를 느낄 것이다. 이때 정면에서 거울로 보면, 돌려진 우측 어깨 뒤쪽이 등 너머로 보여야 한다. 그만큼 많이 비틀어 돌려야 한다. 이때도 시선은 정면을 유지한다. 처음에는 목이 당겨지니, 시선도 같이 돌려 자세를 눈으로 확인하는 등 편하게 취한 후, 동작이 익숙해지고 빨라지면 정면을 보도록 노력한다.

좌측 발 우측 부위가 돌려진 몸을 밀 듯 버티고, 체중은 우측 발바닥 뒤꿈치에 실린다.

우측 뒤로 돌아갈 때는, 회전 속도보다 압축이 더 중요하다. 천천히 어깨, 허리, 골반 순으로 회전 주체를 가져가며, 더 이상 돌아가지 못하는 한계상황까지 몸이 비틀려야 하고, 반드시 겨드랑이가 항상 붙어 있어야 한다. 순서가 의미가 있음으로, 양어깨를 먼저 돌리고 한계를 느낀 후, 내려가듯 허리 골반을 돌린다는 것이다.

반듯이 서서 회전축을 만들어야지, 좌우로 혹은 앞뒤로 기울어지면 회전축이 무너지니 안 된다. 반듯이 서서 양 손바닥을 마주한 채 그대로 회전한다. 거듭할수록 유연성이 좋아지며 비틀림도 커진다. 머리부터 사타구니까지 몸 중심에, 즉 코어에 봉이 있다고 생각하면 된다.

겨드랑이가 붙어야 가슴이 같이 돌고, 합장한 손이 항상 가슴 앞에 위치한다.

세 번째 팽팽한 비틀림으로 긴장된 상태를 아주 빠르게 역회전한다. 역회전의 주체는 오직 골반뿐이다. 겨드랑이도 그대로 붙어있어야 하고, 양손의 합장 등 다른 곳은 그대로 자세를 유지하되, 조금의 힘도 주지 않고 오직 골반만 반대로 최대한 빨리 돌린다. 빨리 돌리다 보면 약간 아랫배가 튀어나올 수도 있으나 상관없다. 물론 처음에는 속도보다, 다른 모든 자세를 그대로 유지하고 골반만 반대로 돌리는 것에 익숙해지도록, 천천히 정확한 동작을 한다. 골반만 회전해서 허리가 딸려 돌고 허리가 가슴을 돌리게 된다. 겨드랑이가 붙어있으니 양팔이 따라 돈다. 골반은 왼쪽으로, 왼발이 비틀리도록 끝까지 돌아가야 한다.

어느 곳에도 힘을 주지 않고, 겨드랑이는 지속해서 붙어있으며, 양손은 합장 상태를 유지하고 팔목도 그대로다. 그렇게 비틀린 것을 풀 듯 골반은 단숨에 돌아가야 한다. 오른쪽에 위치했던 합장한 손이 반대로 왼편으로 135도쯤이 될 때까지 골반만 반대쪽으로 빠른 속도로 확 돌리는 것이다.

다른 곳 허리 어깨는 겨드랑이를 붙인 채, 골반을 따라 끌리듯 회전할 뿐이다. 다운스윙 주체는 오직 골반 한 부분이다.

빠르게 역회전하여 더 이상 진행이 안 되게 비틀리면, 하나 두울 셋을 헤아린 후에야 정면을 본다. 정면을 보는 동작은 원위치하는 것뿐이다.

어깨로 시작하던 우측 뒤로 돌아가는 것은 속도보다, 허리 골반으로 이어지며 한계치까지 최대한 압축되는 것이 목표라면, 좌측으로 골반만 끝까지 회전하는 것은 스피드가 목표다.

시선은 정면을 보고 우측으로 압축된 뒤, 골반을 반대로 돌릴 때 합장한 손이 정면을 지난 후에야 고개를 왼편으로 돌린다.

발바닥은 아까와 반대로 우측 엄지 아래가 회전을, 지원하듯 밀고 왼발바닥 뒤꿈치에 체중이 실린다. 체중 이동이라기보다 회전을 하면 저절로 체중 이동이 되는 것이다. 오른쪽 비틀림과 왼쪽 피니시의 한계를 몸이 기억해야 한다. 그래서 셋까지 버틴 후 정면을 본다. 반복한다. 자세를 풀지 말고 다시 오른쪽 뒤로 어깨를 비튼다. 오른쪽은 어깨-허리-골반의 느린 압축, 왼쪽은 골반만의 빠른 역회전이다.

정확한 동작으로 반복하다 보면 리듬이 생긴다. 누가 봐도 골프연습이라 생각하기도 애매하므로 일상에서 언제라도 편하게 반복할 수 있는데, 풀스윙 동작이 다 들어 있고 관련된 근육을 발달시킬 수 있다.

※ 이렇게 골프는 우에서 좌로 때리는 것이 아니라, 몸 안에 코어가 있어 회전축으로 돌아가면, 원심력이 발생하여, 팔과 클럽이 바깥으로 달아나려는 힘으로 360도 돌아가며, 공에 맞도록 떨구어 지나가는 것이다.

오른쪽 허리가 약간 아프며 근육이 형성된다. 겨드랑이만 붙였을 뿐 팔과 손은 그저 딸려서 돌아갈 뿐이다. 양팔이 항상 가슴 앞에 위치했다. 이것이 힘을 모으는 것이다. 반복하면서 적정한 리듬이 생긴다.

위 동작을 많이 하면 할수록 골프 스윙을 익히는 데 커다란 도움이 된다. 최대한 비틀어야 하고 퉁기듯 풀어 반대로 끝까지 돌아야 한다. 어설프게 회전하면 하나 마나로 효과가 없다. 순서를 준수하고 골반을 힘차게 풀어 돌리고 양쪽 겨드랑이를 항상 붙이는 것을 잊으면 안 된다. 그 모든 동작은 머리부터 사타구니까지 코어가 있어 피벗이 되며, 풀스윙 원리가 그 안에 오롯이 들어 있다.

⑦ 알고 연습

스윙이란 회전축이 만든 원심력에 의해 팔과 클럽이 바깥으로 던져지려는 힘을, 그립에 걸어 끌며 돌아가는 것이다. 팔이 예전 정월 대보름날 불놀이 깡통을 잡고 있던 철사 역할을 하고, 클럽이 깡통처럼 매달려 돌아가며 원을 그리는 것이다. 힘을 빼는 것이 아니고, 애초에 팔은 그저 철사처럼 클럽을 궤도에 실어주고, 그립으로 방향을 잡아줄 뿐이다. 압축된 스프링이 튀어나오듯 골반의 회전 스피드가 힘의 원천이니, 어깨와 팔은 처음부터 힘이 들어갈 이유가 없다. 저절로 그렇게 된다.

동작보다 동작의 의미를 먼저 이해해야 독학할 수 있다. 이해를 못 하면 독학은 불가능하다. 독학은 스윙이 우선이다. 스윙보다 디테일이 우선하면, 평생 배워도 팔로 클럽을 들어 공을 때린다. 비거리가 한계가 있고, 필드에 나가면 힘을 줄수록 공이 안 날아가고, 심지어 헤드가 공을 때리지도 못할 만큼 어깨가 경직된다. 실력은 늘지 않고 레슨은 한없이 길어진다. 누구를 위한 레슨인가?

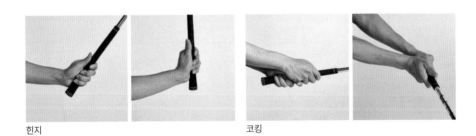

힌지   코킹

🏌️ 알고 1. 힌지와 코킹(Hinge & Cocking)

백스윙을 이해하려면 힌지와 코킹, 그리고 궤도를 먼저 알아야 한다. 힌지는 백스윙 궤도의 방향이다. 코킹은 일종의 스냅 효과를 노리며 원심력을 배가한다.

힌지는 왼 손목을 엄지 방향으로 꺾어, 클럽을 수직으로 세운다. 코킹은 오른 손목을 손등으로 꺾어 클럽을 뒤로 누인다. 힌지와 코킹이 어우러지며, 헤드가 뒤로 넘어가듯 양손 그립을 따라 헤드가 등 뒤로 돌아가는 방향을 잡게 된다.

힌지와 코킹이 없다면, 몸을 아무리 뒤로 돌린다 한들, 클럽이 우측으로 길게 뻗어져, 헤드가 그리는 궤도는 현저하게 줄어들고, 스냅 효과까지 사라지며, 임팩트 강도는 비교할 수 없을 만큼 약해질 것이다.

힌지는 왼손만으로 스윙한다고 가정하면, 힌지로 클럽을 꺾어 세우며, 어깨와 허리가 뒤로 돌아가는 탄력으로 백스윙을 한 후, 왼팔을 뻗은 채 몸의 역회전에 의지하여 바닥으로 헤드를 내팽개치며, 힌지가 풀리는 순간, 손등을 왼편으로 돌려, 헤드페이스를 공에 맞출 것이다. 따라서 궤도가 오르는 동안 줄곧 힌지된 방향을 유지해야 다운스윙 강도가 가장 커진다.

백스윙탑에서 허리와 골반을 최대한 뒤로 더 돌려 비트는 동작이, 양팔과 양손 그립도 최대한 뒤돌려 비틀게 하는데, 이때 힌지된 왼손 등이 검지 쪽으로 꺾이며, 머리 쪽으로 더 붙어 돌아가려는 노력을 하면, 다운스윙 때 원래의 힌지 상태로 되돌아오는 동작이 필요해서, 간결한 스윙이 되지 못하고 임팩트 강도가 반감된다. 힌지로 왼손이 엄지 쪽으로 꺾인 그 방향대로만, 변함없이 상승궤도로 올라간 후 그대로 내려와야 한다.

힌지와 코킹이 스냅 효과를 주는 것은 예전 농기구 도리깨를 연상하면 된다. 도리깨란, 긴 장대 끝에 짧은 몽둥이를 끈에 매단 후, 온종일 지치지 않기 위해 긴 장대를 천천히 휘둘러, 땅에 부딪히는 순간, 짧은 몽둥이가 원심력의 관성으로 급가속 되며 바닥의 곡식을 때려 낟알을 털던 예전 농기구다. 물론 왼발바닥이 버티며 지지대 역할을 해주어야 임팩트 순간 원심력에 힌지와 코킹을 풀어 가속하는 것이 가능해진다. 야구투수 출신들의 장타력은 공을 던졌던 손목 스냅의 근육이 남다르기 때문일 것이다.

🏌 알고 2. 궤도

궤도란 양손 그립의 궤도를 말한다. 헤드도 궤도가 있으나, 후크에 걸리듯 그립에 끌려 돌 뿐이다. 궤도는 토성의 고리처럼 힘의 중심에 있어야 한다. 골반이나 허리가 회전하는 구심력으로, 팔과 클럽이 밖으로 뻗어 나가려는 원심력을 만들기 때문에, 궤도가 그 높이를 벗어나면 힘의 중심에서 이탈되며, 불안정한 궤도를 그리게 된다.

그런데 왜 궤도가 상승하느냐 하면, 척추 각이 어드레스 때 앞으로 숙인 상태이므로 등허리로 가도 상승할 뿐 아니라, 백스윙은 골반도 오른쪽이 상승하고 왼쪽이 내려온다. 360도 궤도는 오른쪽이 상승하면 왼쪽이 내려오고, 왼쪽이 상승하면 오른쪽이 내려오게 되어 있다. 왼손이 힌지가 되어 양어깨로 백스윙을 한 후, 암리프트에서 허리와 골반을 추가로 비틀면 약간 더 가파르게 오른다.

어드레스는 양손 그립이 배꼽 앞에 있으니 등허리 높이가 회전축의 중심이다. 양손 그립은 힘의 중심궤도에 위치할 뿐, 회전의 주체는 아니다. 백스윙을 겨드랑이를 붙이고 손목을 쓰지 않으며 어깨만 뒤로 돌리니, 어드레스 자세 그대로 유지된 채 뒤로 돌아가므로 양손 그립은 등허리궤도를 탄다.

백스윙이 진행되며 손목을 쓰기 시작하고, 힌지와 코킹이 되면 궤도는 왼손의 힌지 방향이 된다. 그러나 왼손의 힌지도 주체는 아니다. 어깨 회전에 따르고, 한계가 오면 허리와 골반의 회전에 따를 뿐이다. 암리프트로 힌지와 코킹이 되어 더 이상 팔과 그립에 변화 없이, 허리와 골반을 비틀면 힌지된 방향의 백스윙 궤도는 다소 가파르나, 다운스윙으로 겨드랑이가 다시 붙으며, 클럽이 뒤로 누이고 야구스윙 자세가 되며, 등허리궤도로 양손 그립은 복귀한다. 이때는 원심력이 팔과 그립을 통해 클럽에 전달되어, 헤드가 그립에 후크에 걸린 듯 딸려오며, 가속할 때이다.

그 순간 힌지와 코킹을 원심력에 풀어 공에 맞히어 떨구면, 궤도는 힘의 축인 등허리 높이에서 양어깨의 회전을 따라 아래로 떨어지며, 공을 맞히고 회전을 계속한다. 공을 때리거나 노려서 임팩트되는 것이 아니고, 궤도를 그리며 힌지와 코킹을 풀어, 궤도를 바닥으로 내림과 동시에 가속이 되며, 최고의 스피드로 공 있는 자리를 지나는 것이다.

공을 노려 힘주어 때린다면 임팩트 순간 에너지는 급감할 것이며, 원심력이 소멸해 피니시 자세가 나올 수 없다. 때린다는 강박관념에 공 앞에서 속도가 급감하기도 한다. 임팩트는 궤도의 한 점일 뿐이다. 떨구어 맞히며 스쳐 지나간다.

임팩트 후 반대쪽 궤도는 오른쪽과 정확히 대칭을 이루며, 오른팔이 뻗어지고 왼손이 겨드랑이에 붙으며 클럽이 머리 뒤로 돌아간다.

🏌. 알고 3. 테이크어웨이

백스윙의 첫 단계다. 양어깨를 뒤로 돌려 시작한다. 퍼터나 어프로치도 어깨로 스윙하지만 폭이 작을 뿐이다. 골프에서 그립이나 팔이 주도하는 백스윙은 없다.

골프 스윙에서 가장 중요한 시점이 백스윙을 시작하는 테이크어웨이다. 손목도 쓰지 않고 겨드랑이

를 붙인 채 어깨만 뒤로 돌리는데, 클럽헤드는 원을 그리기 시작해야 한다. 헤드가 반듯하게 우측으로 들리거나 위쪽으로 들리면, 스윙은 이미 실패다. 헤드는 시작할 때부터 미세하게 아래로 원을 그리기 시작해야 한다.

클럽의 샤프트가 원의 지름이라고 한다면, 헤드가 옆으로 가면 직선을 긋는 것이고, 위로 올라가면 하트를 그리게 된다. 따라서 헤드로 원을 그리려면, 오른쪽으로 들리며 오를 때 미세하게라도 아래로 헤드가 움직여야 원을 그리기 시작하는 것이다. 물론 옆이나 위로 올라도 팔길이의 한계로, 결국 당겨지며 원이 되나, 하체나 스윙 동작이 달라지고, 그만큼 간결하지 못한 불안정한 스윙 자세가 된다.

손목도 못 움직이고, 겨드랑이가 붙어서 어깨만 뒤로 돌리는데, 헤드로 위와 같이 원을 그리는 궤도를 시작하려면, 하체가 어깨를 뒤로 돌리는 동시에 반응해야 한다.

그래서 어깨 회전과 동시에, 오른쪽 무릎은 정면을 보지만, 골반이 뒤로 움직이며, 허벅지와 함께 뒤로 비틀림을 시작한다. 골반이 뒤로 돌아가니 손목도 안 움직이는 그립이 뒤로 당겨진다. 클럽도 따라서 미세하게 뒤로 당겨지니, 들리며 바로 45도로 기운 360도 원을 그리기 시작한다. 왼쪽 무릎은 그만큼 앞으로 나간다. 스윙은 그렇게 하체가 동시에 시동을 걸어야 한다.

겨드랑이를 붙인 채 손목을 쓰지 않고 어깨와 골반을 뒤로 회전하니, 그립에 걸린 클럽까지, 상체 전체가 가슴까지 함께 돌아가며, 어드레스 자세 그대로를 유지한 채 뒤로 돌아가게 된다. 삼각형의 회전, 즉 가슴 앞에 항상 양팔이 있어야 한다는 그대로, 그립이 꼭짓점이 되고, 가슴이 밑변, 양팔이 이등변인 삼각형이 우측으로 돌아 오르며 회전한다. 그립이 오른쪽 허벅지를 지날 때까지 손목을 전혀 쓰지 않고 겨드랑이를 붙여 뒤로 돌면 된다.

🏌 알고 4. 하프웨이-암리프트-백스윙탑

앞에서 힌지, 코킹, 그리고 궤도까지 설명했으므로 간략하게 기술하고, 뒤에서 동작과 함께 디테일하게 서술한다.

하프웨이   암리프트   백스윙탑

하프웨이, 즉 오른쪽을 클럽이 지면과 수평이 되는 그림까지 오르며 그립이 돌아간다. 이때 손목을 쓴다. 그 결과로 토우가 하늘을 본다. 손목을 돌릴 뿐 백스윙의 주체는 지속해서 양어깨. 오른쪽 골반이 상승하는 원을 그리니, 왼쪽 골반은 내려온다. 시선은 공에 고정되어, 약간 얼굴이 내려가는 느낌을 받는다.

암리프트로 진행한다는 것은 어깨가 계속 뒤로 돌아가는 것이지, 손목만 움직이는 것이 아니다. 비기너들이 골프 스윙을 우에서 좌로 착각하여, 강조하기 위해 회전이라는 짧은 말 대신, 뒤로 돌아간다는 문장을 쓴다. 어깨를 제자리에서 뒤로 돌리는 것이다. 그것이 스윙이다, 조금도 좌우로 흔들리는 스웨이가 되어서는 안 된다. 연습장 매트는 자세가 안 좋아도, 매트가 미끄러워 임팩트가 되며 클럽이 지나가나, 필드는 용서가 없다.

그렇게 어깨가 뒤로 돌아가며, 왼손 그립이 엄지로 꺾이면서 클럽을 세우니 힌지, 오른손이 손등으로 꺾이며 클럽을 뉘어 코킹이 된다. 암리프트 정면 사진은 마치 클럽이 수직으로 서 있는 것처럼 보이나, 이미 그립은 허리를 지나 등 쪽으로 나란하고, 힌지와 코킹이 조화되며 샤프트는 뒤로 기울어진 상태다.

여기까지도 백스윙의 주체는 양쪽 어깨를 반듯하게 뒤로 돌릴 뿐이다. 유연성에 따라 다르나 암리프트가 어깨 회전의 한계다. 그립은 힌지 방향으로, 코킹으로 뒤로 누인 샤프트 그대로 허리를 뒤로 비튼다. 그립은 역시 할 일이 없다. 허리에 이어 골반을 뒤로 비튼다. 물론 스윙이 익숙해지면 양어깨-허리-골반은 연속성을 갖고 뒤로 돌아간다.

그렇게 골반이 뒤로 돌아가, 정면 사진에서 오른쪽 어깨 뒤쪽 등이 보이면 백스윙탑이다. 이 때는 온몸이 뒤로 비틀리는 압축으로, 그립도 겨드랑이도 뒤로 최대한 돌아가려고 해, 겨드랑이가 뒤로 떨어지며, 오른쪽 팔꿈치가 가슴에서 떨어져 뒤쪽으로 분리된다.

바로 여기서 명심할 것이, 힌지된 왼손은 힌지 방향으로 꿋꿋하게 유지되어야 한다는 것이다. 모두 뒤로 돌아 비틀리는 상황이, 무심코 왼손 그립이 힌지된 채, 클럽샤프트를 머리 뒤로 더 붙이려는 노력으로 왼손 검지 쪽 손등 방향으로 꺾이기 쉽다. 그렇게 되면 스윙은 간결하지 못하고, 임팩트 강도는 현저하게 떨어진다. 반드시 힌지된 왼손은 궤도의 방향이 되어, 끝까지 힌지된 그대로 오르고 내려야 한다. 왼손만으로 칼을 내려치듯 해야지, 손등으로 꺾이면 안 된다.

백스윙 탑에서 쟁반을 든 느낌은 오른손 그립이 코킹으로 손등 쪽으로 꺾인 탓이다.

팔이나 손목의 스윙은 골프에 없다. 따라서 몸으로 스윙을 해야 하니 겨드랑이가 붙지 않으면 팔과 몸이 따로 놀게 되고 클럽은 당연히 불안정해진다. 1m 퍼팅조차 손목이나 팔로 하면 클럽이 원심력의 영향으로 퍼팅 때마다 거리가 달라진다.

아름다운 백스윙이란 수천 번 들어온, "양팔이 항상 가슴 앞"이다. 팔만 돌아가는 백스윙은 골프에 없다. 그저 겨드랑이를 붙이고 손목을 쓰지 않고 어깨를 회전하면 가슴이 따라 돌게 되니 가슴 앞에 항상 양팔과 그립이 있게 된다. 굳이 표현하면 그립을 꼭짓점으로, 양팔을 두 변으로 이등변 삼각형을 그대로 뒤로 돌린다.

야영이나 펜션 등에서 백미는 불놀이다. 장작을 패는 도끼가 놓여 있으면 흥미를 느끼게 되는데, 누가 시키지 않아도 한결같은 동작은, 헤드가 워낙 무거운데 들어야 하고, 아래로 찍어야 하니 몸을 뒤로 젖히는 것이다. 바로 파워가 실리는 동작이다. 골프의 삼각형은 그 원리다. 오른쪽에서 왼쪽으로 날리는 동작이 평소에 익숙하지 않을 뿐이다.

하체 설명이 비교적 적은 것은, 출발할 때 테이크어웨이에서 동시에 하체가 반응하면, 양발바닥이 움직이지 않는 한, 저절로 취해지는 자세이기 때문이다. 체중 이동은 몸이 회전하며 저절로 실리게 된다.

하체에서 가장 신경 써야 할 부분은, 어드레스 무릎 높이를 몸이 기억해야 하는 것이다. 향후 지면 반발력 등 스윙 중 무릎이 출렁일 수 있지만 임팩트는 어드레스 무릎 높이로 복귀해야 한다. 비기너는 그저 어드레스 무릎 높이를 유지하려는 노력이 필요할 뿐이다.

🏌️. 알고 5. 그립과 클럽별 스윙

뒤에 반복된다. 그립은 소지-약지-중지로 감아쥐면, 손바닥 안에 공간이 생기고, 그 공간이 그립을 진공이 되듯 꽉 쥐지 않고, 클럽을 후크에 걸어 내리듯 원심력을 최대한 발휘하게 한다.

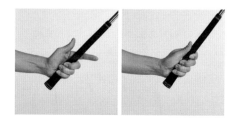

어느 클럽이든 스윙은 같다. 어프로치와 퍼터만 원심력을 최소화하기 위해, 체중 이동을 미리 하거나, 체중 이동을 안 할 뿐이다. 클럽 헤드의 생긴 모양대로 공이 맞도록 두면, 스윙은 똑같이 하면 된다. 클럽이 다르다. 스윙은 같다.

🏌️. 알고 6. 다운스윙

다운스윙은 순간에 이루어진다. 백스윙은 압축이고, 다운스윙은 스피드다. 전개될 본문에서 다운스윙은 2단계로 설명했다. 일 단계는 야구스윙 자세, 이 단계는 힌지와 코킹을 풀어 헤드를 바닥으로 떨구며, 공에 맞히는 궤도를 그린다. 그렇게 다운스윙이 임팩트까지 진행되면, 이후는 편하게 클럽에 남아 있는 원심력을 따라가며, 오른쪽과 대칭으로 팔로우와 피니시 자세를 취하면 된다.

다운스윙도 출발이 가장 중요하
다. 그것이 곧 리듬이다. 그네를
가속할 때 리듬과 같다. 그네는
원심력이 소진되어 반대로 내려
갈 때 밀고, 골프는 압축되어 더
이상 몸이 비틀리지 못할 때, 턴
하면 된다. 헤드 무게를 느끼며
다운스윙하기란 상당히 어렵다.
헤드가 백스윙탑에서 출렁하고
반대로 넘어간 후, 되올라올 때

다운스윙을 하라는 것인데, 대단히 어려운 주문이다.

다운스윙 회전축은 오직 골반이다. 힙턴으로 표현하는데 이것이 전부다. 골반을 반대로 최대
한 빠른 속도로 돌리며, 왼발바닥이 버티고, 왼쪽 무릎이 정면을 보며, 허벅지까지 비틀리면
서도 버티어준다. 회전은 골반이 하나, 회전축은 왼발바닥이 하며 왼발 전체가 반듯하게 비틀
리며 버티어 원심력의 관성을 가속한다. 골반이 회전을 선행하며, 허리가 회전하고 어깨가 회
전하면, 겨드랑이가 붙어, 팔이 그립으로 후크처럼 클럽을 걸어, 원심력으로 달아나려는 클럽
을 끌어 내린다.

상체는 오른쪽 겨드랑이와 팔꿈치가 몸통
에 다시 붙으며, 왼팔이 펴진 채 힌지 방향
으로 다운스윙을 리더하여, 골반, 허리, 그
리고 어깨가 회전하니, 겨드랑이가 붙은 채
클럽이 돌아 내려와, 우측 허리가 약간 들어
가며, 그립이 사타구니 앞에 오는 것이 일
단계다. 그때 샤프트는 지면과 수평이 되고,
우측에서 앞쪽으로 30도쯤 더 돌아가 있는
상태가 된다.

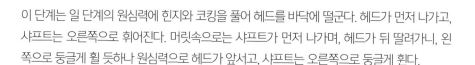

이 단계는 일 단계의 원심력에 힌지와 코킹을 풀어 헤드를 바닥에 떨군다. 헤드가 먼저 나가고, 샤프트는 오른쪽으로 휘어진다. 머릿속으로는 샤프트가 먼저 나가며, 헤드가 뒤 딸려가니, 왼쪽으로 둥글게 휠 듯하나 원심력으로 헤드가 앞서고, 샤프트는 오른쪽으로 둥글게 휜다.

🏌️ 알고 7. 팔로우 스윙과 피니시

팔로 치는 골퍼는, 오른발에 힘을 주며, 팔로우 스윙을 연출하며 연습을 한다. 몸통 스윙이 되면 골반의 빠른 선행회전을 따라 몸 전체가 뒤로 돌아가며, 임팩트 후 남아 있는 클럽의 원심력이 양팔을 끌어가는 대로 그립이 회전하며, 오른팔과 왼팔이 역할을 바꾸어, 오른쪽과 똑같은 대칭 상황으로 왼편 뒤로 돌아간다. 더불어 몸통 스윙에 치킨윙 스윙은 애초에 나올 수가 없다. 임팩트가 특별한 것이 아니고 스윙 과정이기 때문이다.

척추 각을 유지할수록 피니시 자세는 멋들어지게 된다. 하체는 대칭이 아니다. 백스윙의 왼발은, 다운스윙의 축이 되기 위해 무릎이 앞을 보고 있었지만, 모든 스윙을 마치고, 여운으로 회전하는 것을, 무리해서 저지할 필요는 없다. 따라서 오른발바닥 뒤꿈치는 완전하게 들리고,

발가락으로 균형을 잡으며 회전하여, 무릎이 타깃 방향으로 돌아간다.

대칭 스윙이 되는 것은 360도 원이기 때문이다. 원이 오른쪽과 왼쪽이 다를 수 없으니, 원이 그려지도록 좌우가 반대로 움직여줄 뿐이다.

🏌️ 알고 8. 어프로치와 퍼팅

핸디를 떨어뜨리는 것은 어프로치와 퍼팅이다. 드라이버 우드 아이언 등은 스윙 자세가 잡힌 후, 약간의 필드 경험이면 페어웨이나 목표에 떨어뜨릴 수 있지만, 어프로치와 퍼팅은 많은 필드 경험이 있어야 한다. 마치 클럽을 수저처럼 익숙하게 다룰 줄 알아야 한다.

본문에 디테일이 있으니 간략하게 기술한다. 아마추어 골퍼들의 어프로치 자세는 참으로 다양하다. 어프로치 자세에 대한 논리적 근거를 모르니, 흉내를 내다보면 점점 본인이 편한 스타일로 가기 때문이다.

칩샷   피치샷   로브샷

어프로치에서 왼발을 여는 것은 체중 이동을 미리 하기 위함이다. 짧게 보내는데 굳이 원심력에 더한 파워를 실을 필요가 없기 때문이다. 역시 백스윙은 어깨로, 다운스윙은 골반으로 한다.

퍼팅은 오직 어깨로만 백스윙과 다운스윙을 한다. 원심력이 클럽에 전달되면 안 된다. 원심력이 전달되면 공을 때렸다고 표현한다. 양발을 반듯하게 서고, 라이를 잘 볼 수 있게 더 상체를 숙인다. 혼연일체 마음과 몸, 그리고 클럽이 하나 되어 스트로크되어야 한다.

플롭샷

퍼팅1

퍼팅2

8 보기골퍼 진입 기간

남녀노소 불문 몸으로 스윙의 논리를 이해하는 기간은 4주면 충분하다. 보기골퍼 진입까지 100일이면 가능하다. 다만 스윙이 내 것이 된 후, 주간 단위로 4회 연속 필드를 나가야 하는 조건이 있다. 연습장만으로, 스크린 게임만으로, 혹은 몇 달에 한 번씩 필드를 나간다면 보기 골퍼 진입은 불가능하다.

일단 보기골퍼에 진입 경험을 하면, 공백이 길어도 짧은 연습으로 복기가 된다. 마지막 단계, 4주 연속 필드를 나가려면 지인들만으로 부킹하는 것이 어려울 테니, 부킹 후 멤버를 초청하는 초면의 사람들과 경기하는 경험을 각오해야 한다. 이럴 경우 골프 매너는 냉정하게 더 빨리 배울 수 있다. 이런 노력이 다시 시작하고, 또다시 시작하며, 백돌이로 보내는 것보다 비용 측면에서도 유리하고, 골프가 주는 즐거움을 평생 누릴 수 있을 것이다.

실내 연습장에서 논리를 이해하며 구분 동작으로 스윙 동작을 취해보고 몸이 기억하는 기간이 4주, 이후 그물이 쳐진 150m 내외 거리 타깃이 있는 실외 연습장을 병행하며, 스윗스팟에 맞히고 클럽별 비거리를 확인하며 4주, 이제 스윙 스피드를 높여, 하나에 백스윙탑, 둘에 피니시까지 진행하는 리듬을 익히는 기간을 4주 하면 필드에 나가는 준비는 다 된 것이다.

필드는 다양한 경험을 하게 해주지만, 성적은 어프로치와 퍼팅이 관건임을 절감하게 하며, 그 것은 실전 경험 없이 논리만으로는 안 된다는 것을 알게 되고, 한층 어프로치나 퍼터에 대한 연습 집중력이 높아지며, 연습도 실전과 가까운 동작으로 변할 것이다. 4주를 연속해서 나가다 보면 늘 아쉽지만 보기골퍼에 가까운 성적을 거둘 수 있으리라. 필드 경험 역시 인터벌이 길면 무의미하다.

첫째, 클럽을 들기 전에 본 책을, 정독을 전제로 끝까지 읽어야 한다.
둘째, 책대로만 하고 저자에게 책임을 물어라.
셋째, 연습은 연속성이 없으면 의미가 없다. 공백 기간을 최소화한다.
넷째, 스윙이 안정되면 4주 연속 필드 경험이 보기골퍼 진입의 관건이다.

보기골퍼란 대단히 어려운 목표다. 18홀, 매 홀마다 단 한 개의 오버파를 해야 한다. 어프로치와 퍼팅 횟수를 생각하면 불가능할 듯하나 스윙이 완성된 후 4주 연속 필드를 나가게 되면, 어느 순간 자기 클럽을 수저처럼 다루게 되면서 자신감이 붙고, 라이에 대한 적응력이 생긴다.

연속한다면, 처음 필드 경험은 신기하고 벅찬 경험이나, 두 번째는 어려운 부분이 파악될 것이고, 세 번째는 어느 홀에서라도 파와 버디가 나올 것이다. 네 번째쯤 사전 코스검색과 전략이 수립되며, 풍광이나 분위기보다 점수에 집중하는 시간이 되고, 보기골퍼에 진입될 수 있을 것이다.

9 1주 차 - 스트레칭

말 그대로 근육 관절 등을 힘껏 펴주는 운동으로, 클럽 무게로 땅겨지는 근육과 인대를 충분히 활성화시켜 대비하는 것이다. 충분한 스트레칭, 그리고 몸의 중심에 코어가 있는 것처럼, 회전하여 원심력으로 스윙을 하면 엘보도 발생하지 않고, 갈비뼈에 금이 가는 황당한 일도 발생하지 않는다.

타석에 들어서자마자, 샌드웨지로 가슴은 정면을 본 채, 팔만 클럽을 우에서 좌로 휘둘러, 빠른 속도로 십 분쯤 공을 짧게 쳐 내면 열이 올라 워밍업은 되겠지만, 이는 골프에는 없는 자세로, 인대에도 좋지 않고, 엘보를 촉진하게 되는데, 그것을 노련하게 몸 푸는 것으로 착각하는 사람은 되지 말자.

스트레칭 형식은 자유지만 목, 팔, 어깨, 허리, 척추, 그리고 다리와 함께 몸 전체를 늘려주고 시작하면, 부상도 방지되고 첫 스윙부터 편해진다. 필드에서도 충분한 스트레칭 후 빈 스윙을 십 분쯤 해두면, 첫 타석부터 실수 없이 실력 발휘를 할 수 있다. 스트레칭도 방해받지 않을 공간에서 해야 한다. 다른 사람의 동선에 지장을 주면 안 된다. 실외연습장은 정해진 시간에 공이 계속 나오니, 타석을 체크인할 때 십 분쯤 말미를 얻어두는 것이 좋다.

1. 목

양발은 반듯하게 11자로 어깨너비로 선다. 모든 스트레칭은 편안하게 먼저 긴 숨을 들이쉬고 내쉬어 릴랙스한 상태로 한다. 스트레칭 도중 힘을 주면 바로 부상이다.

한 손을 다른 손등에 얹어, 턱밑에 두고 턱을 받쳐 올린다. 천천히 끝까지 밀어 올린 후 꺾은 채 다섯을 세고 푼다. 반대로 고개를 숙인 후, 양손을 뒤통수에 반쯤 깍지 끼운 양손으로 머리를 눌러 목을 늘린 후 다섯까지 센다.

왼팔은 늘어뜨리고 오른손으로 머리 좌측을 잡아 우측으로 당기어 다섯까지 센다. 팔을 바꾸

어 반대로도 해준다.

반듯이 서서 양손을 허리에 얹고 머리를 좌에서 우로 다시 우에서 좌로 빙글빙글 돌려준다. 국민체조 하듯이 하면 된다.

스트레칭은 특별한 것이 없다. 특별할 수도 없다. 다만 목이 디스크가 오면 이미 늦다. 운동은 특별하기보다 습관적으로 반복하는 것이 몸에 유익할 뿐이다.

2. 어깨와 허리, 그리고 팔과 손

몸통 스윙이 되면 엘보가 오지 않는다. 연습량이 많아도 스트레칭만으로 예방이 된다. 그러나 팔로 치면서 연습량이 많으면, 골프 실력은 제자리지만 엘보가 온다. 엘보는 초기라면 물리치 료만으로 거뜬해지나, 모르고 시간이 지나면 인대가 끊어져 수술을 받지 않으면 작은 통증이 지속된다.

팔꿈치 바깥쪽에 가벼운 통증이 시작되고, 염증완화제를 붙이거나 바르고도 효과가 없는 경우, 엘보로 의심하면 된다. 엘보가 시작되고, 3개월 이내라면 물리치료(열, 전기, 초음파 3종)로 거뜬해지나, 그 기간이 지나면 인대가 망가져 재생수술 외에는 방법이 없다. 팔로 클럽을 휘둘러 공을 힘껏 때리는, 거리도 나가지 않는 골프를 오랜 기간 해온 필자는 당연하게(?) 엘보 수술을 했다.

어깨와 허리, 그리고 팔과 손의 스트레칭은 5가지이나, 공통적으로 양발은 반듯이 11자로 하여 어깨너비로 선다.

1) 어깨 스트레칭이다. 얼굴은 앞을 본 채, 한쪽 팔을 90도로 들어, 반대쪽 팔로 손목과 팔꿈치 중간을 감아 당긴다. 땅겨지는 팔은 구부리지 않고, 뻗은 채 90도로 꺾여 당겨지니 어깨가 이완된다. 약간의 탄력을 준 후 5초간 지그시 누른다. 허리가 같이 돌아가면, 어깨 스트레칭이 안 된다. 정면을 본 채 팔을 바꾸어 똑같이 한다.

2) 허리 근육 스트레칭이다. (1)과 같은 동작을 하면서, 당기는 쪽으로 허리를 깊숙이 비틀어준다. 반동을 주며 반복해서 허리를 최대한 비틀어 준다. 최대한 비튼 후 5초간 지그시 버티어준다. 정면을 본 채 팔을 바꾸어 동일하게 반대쪽 허리도 비틀어 준다.

3) 손목과 팔을 위한 스트레칭 3종이다. 한쪽 팔을 펴 앞으로 90도 되게 반듯이 편 후, 다른 손으로 올린 팔의 손등을 잡아, 손목을 아래로 눌러 꺾는다. 5초간 꺾어 누른 후, 손등이 꺾여 잡힌 팔목을 바깥쪽으로 힘껏 돌려준다. 손목이 잡혀 있으니, 팔꿈치 아래가 비틀린다. 다섯을 세며 돌려준 후, 팔을 바꾸어 똑같이 해준다.

4) 역시 똑같이 한쪽 팔을 내밀어, 손끝이 위를 보게 한다. 반대쪽 손으로 네 손가락 두 마디쯤
을 젖히듯 몸쪽으로 5초간 당겨준다. 다시 팔을 바꾸지 말고, 뻗은 팔의 손목을 왼쪽으로 돌
려 손끝이 반대쪽인 바닥을 향하게 한 후 반대쪽 손으로 역시 네 손가락 두 마디쯤을 몸쪽으
로 젖혀 당기며 5초간 버틴다. 팔을 바꾸어 똑같이 해준다.

3. 척추

척추를 당겨 늘리는 스트레칭이다. 어깨너비로 발을 벌리고 선 후, 오른발로 왼발을 감듯 넘
어가 좌측 앞에 둔다. 상체를 숙이며 오른발에 체중을 실어 허리에 힘을 빼고 반동을 준다. 의
식적으로 척추가 늘어나도록 반동을 주면 척추 마디가 빠지듯 살짝 투두둑 하는 감이 오면 된
다. 무릎은 힘든 경우 약간 구부려도 관계없다. 발을 바꾸어 똑같이 한다.

4. 장딴지와 전신

장딴지를 늘리는 스트레칭이나, 전신이 스트레칭되며, 활성화되는 느낌을 받는다. 양팔을 어

깨너비보다 약간 더 넓게 벌려, 손끝이 위로 가도록 하여, 배꼽 높이로 양 손바닥으로 벽을 짚는다. 한 발은 구부리고, 한 발은 뒤로 길게 뺀 후, 발바닥 뒤꿈치를 바닥에 붙인 후 10초간 버틴다. 장딴지가 긴장되는 듯 이완된다. 그러나 이 스트레칭은 전신에 릴렉스한 영향을 준다. 발을 바꾸어 똑같이 한다. 고개를 숙이지 말고, 가슴이 최대한 벽과 마주하도록 한다.

이렇게 스트레칭을 충분히 해주면 몸이 개운해지며, 클럽의 무게와 원심력으로 근육과 인대가 더 당겨지는 부담에도, 부상을 예방하고 스윙이 원활해진다. 특히 고령자일수록 스트레칭을 반드시 하고 시작하는 것이 좋다.

🔟 1주 차 - 그립

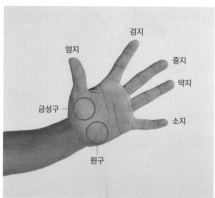

그립의 상단을 잡고 스윙을 주도하는 왼손이 골프그립을 쥐는 위치에 따라 크게 세 가지로 구분한다. 밑에서 쥐면 위크, 옆에서 쥐면 스퀘어, 그리고 덮어 쥐면 스트롱그립이다. 스윙은 왼손이 힌지가 되어 오르고 내리며 주도하니, 덮어 쥐면 스윙 강도가 강해지는 것은 맞지만, 헤드를 떨굴 때 감아쥔 그립 탓에 헤드페이스가 닫히기 쉬워 공이 왼쪽으로 날아갈 수 있다.

위크   스퀘어   스트롱

세 가지 그립 모두 오른손이 보조해주니, 바꾸어가며 열 번쯤 스윙을 해보면, 바로 적응이 되나, 균형감각을 위해 양손을 마주 잡는 스퀘어를 추천한다.

위 세 가지 그립 모두 왼손의 가장 아랫부분이 되는 검지로 그립을 감는다. 오른손이 그립을

마주 쥐면, 가장 밑에 있는 소지가 그립에서는 가장 위로 올라오게 되니, 왼손의 검지와 만난다. 왼손의 검지와 오른손의 소지 모양에 따라 또 세 가지로 나뉜다. 따라서 위아래 그립 모양을 합치면 총 9가지가 된다.

베이스   오버래핑   인터로킹

왼손 검지와 소지가 결합하지 않고, 야구클럽을 쥐듯 양손으로 위아래를 쥐면 베이스 그립이다. 왼손의 힌지와 함께 오른손도 파워로 작용할 수 있어 더 강한 그립이 된다. 오른손 소지를 왼손 검지 아래로 넣어 엉켜 잡으면 인터로킹 그립이다. 양손의 결합이 강하다. 끝으로 오른손 소지를 그저 왼손 검지 위에 올려두는 오버래핑 그립이다.

필자는 그저 자연스럽게 오른손 그립을 쥐면 저절로 소지가 왼손 검지 위에 올려지거나, 왼손 검지와 중지 사이에 위치하는 오버래핑 그립을 사용하며, 이를 추천한다. 스퀘어 그립을 쥐고, 오버래핑으로 만나면 편안하고 스윙하기가 가장 편리하다.
어떤 책은 그립 사진과 설명만으로 상당한 분량을 차지하는데, 가장 중요한 왼손 그립을 손가락으로 쥐는 것 외 큰 의미가 없다고 본다.

1. 왼손 그립

마른오징어를 쥐어짜듯 강하게, 손바닥과 그립이 달라붙어 진공이 될 것처럼 잡으면, 파워가 클럽에 전달되며, 혼연일체가 되는 느낌을 받는다. 세게 쥔만큼 그립에 체온이 쉽게 전달되고 샤프트가 따뜻해질 듯하다. 이렇게 쥐면 자기도 모르게 입술도 악다물게 된다. 결의가 대단해 보인다. 그러나 샤프트가 따뜻하다고 공이 멀리 가지는 않는다.

손으로 긴 도구를 잡아서 휘두르는 모든 행위에서 위처럼 무식하게 잡는 경우는 없다. 대검, 부엌칼, 드럼채 모두 손바닥으로 잡지 않는다. 심지어 무거운 도끼조차 들어 내려칠 때, 저렇게 잡으면 나무가 쪼개지기는커녕 퉁겨진다.

예전 인권보다 군기가 앞설 때, 고참이 억지로 밑에 직원들 군기 잡으라며, 자기가 보는 데서 매질을 하라 하면, 몽둥이를 손바닥으로 가득 쥐고 때렸다. 소리도 크고 액션도 크지만, 손가락으로 쥐고 스냅을 주어 원심력으로 치는 것보다 훨씬 덜 아프기 때문이다. 대신 때리는 사람 팔이 아프다. 손가락으로 쥐고 원심력으로 몽둥이를 휘두르면, 맞는 사람 몸에 착착 감기듯 달라붙어, 소리는 적은데 뼛속까지 아프다. 때리는 사람은 온종일 해도 힘이 안 든다.

드럼채나 부엌칼도 손바닥으로 가득 쥐면, 눈에 보이지 않을 만큼 빠르게 드럼을 치거나 음식을 다질 수가 없다. 골프클럽도 똑같다. 손에 쥔 자루가 놀아야, 후크에 걸리듯 끌려오다, 스냅을 주는 순간, 팽하고 돌며 떨어진다.

그래서 스윙을 주도하는 왼손으로 그립을 쥘 때는 손바닥이 아닌, 소지, 약지, 중지 세 손가락으로 감아쥐듯 잡는다. 굳이 사진이나 그림으로, 손바닥 위에 그립을 대각선으로 두고, 검지 아래부터 소지 아래 등 쥐는 위치를 설명하는 것은 의미가 없다. 그저 세 손가락으로 감아쥐기만 하면, 저절로 그런 위치가 된다. 손가락이 짧아도 그렇게 감으면 된다. 약지를 기준으로 손바닥으로부터 첫마디에 그립을 놓고 세 손가락으로 감는다.

세 손가락으로 감아쥐고 스퀘어와 오버래팽그립을 쥐어보면 왼손 그립 안에 공간이 느껴질 것이다. 그것이 클럽을 놀게 한다. 손가락은 그립을 잡는다기보다 고리나 후크처럼 매달아 끄는 것이다.

임팩트 순간은 왼발바닥이 회전축이 되어 버티면, 손가락에 걸린 클럽이 끌려 내려오며, 관성이 작용하여 스피드가 빨라지고, 공간을 확보한 양손 그립을 힌지와 코킹을 풀어 스냅을 주면, 무게 있는 헤드가 샤프트보다 먼저 떨어지며가공할 스피드로 지나가게 된다.

임팩트 순간, 아이언이 헤드가 먼저 가며 샤프트가 왼쪽으로 휘어진 사진을 의아하게 생각할 수 있다. 당연히 그립을 쥐고 클럽을 끌어내리니, 샤프트 끝이 오른쪽으로 휘며 헤드가 끌려 내려오는 연상을 하기 때문이다. 원심력의 시작은 샤프트가 먼저일 수 있으나, 가속을 하게 되면 헤드가 먼저 돌아간다. 철사에 매달린 추로 무엇인가를 가격할 때도 임팩트 순간 원심력과 스냅 효과로 철구가 먼저 나가는 것과 같다.

2. 그립을 쥐는 위치

그립 끝이 손바닥 안으로 들어가면, 클럽을 콘트롤 할 수 없다. 또 그립이 왼손바닥 끝으로 5cm쯤 튀어나오면, 원심력도 작아지고, 스윙이 둔해진다. 왼손바닥 아래가 그립 끝과 일치하는, 왼손 소지 아랫부분에, 월구라고 하는 손바닥 아래 두툼한 부분에, 그립 끝부분이 안정되게 위치하면 된다. 어쩌면 굳이 설명이 필요 없는 부분이다. 왼손 손가락으로 감아쥔 후 왼손만으로 클럽을 위아래로 움직여 콘트롤 되는 클럽의 움직임을 확인해보면 된다.

3. 양손 그립의 완성

세 손가락으로 감아쥔 다음 엄지가 두툼한 금성구와 함께 그립을 덮는다. 검지는 아래에서 그립을 방아쇠 쥐듯 감는다. 스퀘어 그립일 때 엄지와 검지가 그리는 V자가 오른쪽 어깨 방향이다. 왼손등 위로 검지와 중지 너클이 보이고, 약지 너클은 반만 보인다.

오른손 엄지 아래 두툼한 부분과 소지 아래 손목 쪽 도톰한 부분 사이의 계곡, 금성구와 월구 사이 중앙 부분에, 그립을 쥔 왼손 엄지를 덮는다. 오른손 엄지가 그립을 감싸고, 검지도 방아쇠를 쥐듯 그립을 감는다. 아래에서 중지, 약지 역시 손가락만으로 그립을 감아 받친다. 끝으로 소지는 오버래핑으로 왼손 검지 위나 검지와 중지 사이에 둔다. 온갖 용어와 방식이 있으나 본인이 편하게 두면 된다. 오른손 그립이 왼손 엄지를 중심으로 덮어 감으니 오른손 검지와 엄지가 만드는 V자는 정중앙으로 턱을 향한다. 그러나 양손의 V자가 가리키는 방향에 너무 민감할 필요 없다.

몸과 그립의 거리는 모든 클럽이 대동소이하다. 양팔을 늘어뜨린 상태가 그립과 몸과의 거리이고, 왼쪽 허벅지 안쪽에 위치한다. 모든 클럽이 이와 같다.
클럽의 로프트각 차이로 공 위치가 달라지고, 거기에 맞추어 헤드를 바닥에 두면, 모든 클럽이 저절로 왼쪽 허벅지 안쪽에 위치하게 되어있다.

🔢 1주 차 - 어드레스

1. 개요

어드레스 자세는 그냥 연습장에 가서 따라 하면 된다. 그러나 논리를 이해해야 발전이 있다. 어프로치와 퍼터는 해당 본문에서 상세히 설명한다. 여기서 어드레스라고 한다면 드라이버, 우드, 유틸리티, 그리고 아이언과 50도 웨지까지 공을 치기 위한 자세를 셋업 하는 것을 말한다.

스윙은 100% 같다. 클럽이 결과를 다르게 만든다. 멀리 치는 클럽은 원심력을 키우기 위해 샤프트가 길다. 아울러 공이 45도 전후 각으로, 멀리 날도록 공 옆을 터치하니, 헤드페이스가 수직에 가깝다. 그런 클럽을 중앙보다 오른쪽에 공을 두면, 내려오는 헤드가 공에 닿기 전에 바닥을 먼저 때리게 된다. 따라서 드라이버부터 5번 아이언까지는, 공을 중앙보다 왼쪽에 두고 어드레스 한다.

헤드페이스가 수직에 가깝다는 것은 로프트각도가 적다는 얘기다. 로프트각도가 적다는 것은 헤드의 솔을 바닥에 두면, 샤프트기울기도 적다는 얘기다. 드라이버 로프트각이 가장 작으니, 가장 왼쪽에 공을 두지만, 샤프트 기울기도 작아, 왼쪽 허벅지 안쪽에서 그립이 잡힌다. 5번 아이언은 중앙가까이 공을 두지만, 드라이버 대비 로프트 각도가 높아서, 샤프트가 더 기울어 역시 왼쪽 허벅지 안쪽에서 그립을 잡는다.

반대로 공을 중앙보다 우측에 두는, 7번 아이언부터 50도 웨지까지, 번호가 높을수록 로프트 각도는 커지고, 샤프트 길이는 짧아진다. 로프트 각도가 큰 클럽의 헤드페이스는 누워 있으니, 만약 공을 중앙보다 왼쪽에 두면, 헤드가 중앙을 지나 상승하는 순간, 헤드페이스가 수평이 되며, 엣지로 공 옆을 때리는 미스샷이 된다. 따라서 번호가 클수록 공은 오른쪽에 둔다. 역시 로프트각이 큰 만큼 샤프트 기울기가 크니 왼쪽 허벅지 앞에서 그립이 잡힌다.

로프트각이 작은 클럽은 헤드가 수직이니, 바닥을 쓸며 공 옆에 임팩트되고, 큰 클럽은 공을 누르듯 페이스에 임팩트되는 순간, 엣지가 공 밑을 파고들며 공을 띄우고, 엣지는 공 있던 자리를 지나, 잔디를 파고들어 디벗을 만든다. 그렇게 디벗은 공이 있던 자리를 지나서 생긴다. 매트에서 빈 스윙을 하면 공이 놓일 예상지점을 지나 매트를 스친다. 의식적인 쓸어 치고 눌러 치고는 없다. 스윙은 같다. 클럽이 다르다. 로프트각이 크면 공을 띄우는 만큼, 덜 구르니 목표한 지점에 떨어뜨리기 용이해진다.

• 어프로치와 퍼터를 제외한 모든 클럽의 그립은 왼쪽 허벅지 안쪽이다.
• 몸과 그립의 거리는 양팔을 늘어뜨린 상태로 쥐면 된다.

2. 자세

1) 스탠스는 어깨너비 전후 본인이 편하면 된다. 드라이버는 넓게 서는 경우도 있으나. 몸통 스윙을 잘하면, 스탠스가 좁아도 체중 이동은 문제없다. 간혹 다운스윙 때 왼발바닥이 미끄러지니, 미리 약간 오픈하라는 것은 좋지 않은 조언이다. 왼발바닥은 버티며 회전축이 되어야 한다.

2) 무릎의 굽힘 정도는 샤프트 길이에 따라 다르다. 적절하게 굽히면 된다. 무릎의 중요한 포인트는, 어느 정도 굽히느냐가 아니라, 적절하게 굽힌 정도를 기억하는 것이다. 백스윙 때 오른쪽 골반이 상승하며, 오른 무릎이 정면을 본 채 비틀리며 약간 상승하는데, 임팩트 순간 그 무릎 높이로 복귀해야 한다. 명심해서 이것이 습관이 되도록 해야 한다. "머리를 들지 마라"보다 더 어렵고, 중요한 스윙감이다.

3) 척추 각은 인사하듯 고관절을 45도 정도 꺾고, 꼬리뼈에 긴장을 주어, 척추를 반듯하게 한다. 골반 회전으로 구심력이 되는데, 척추가 구부정하면 안 된다. 가급적 비기너 때부터 피니시까지 척추 각을 유지한다. 가장 아름다운 스윙 자세가 되며, 머리도 들지 않게 된다.

4) 시선은 공을 내려 깔아 보듯, 턱을 든다. 백스윙탑에서 왼쪽 어깨가 턱 아래로 오는 공간이 되며, 팔로우스윙과 피니시의 아름다운 자세에서 뒤로 눕는 듯한 아름다운 자세를 만든다.

5) 발 앞쪽으로 체중을 약간 더 실어야, 임팩트 강도가 커진다. 그러나 양발은 백스윙과 다운스윙을 위한 몸통 스윙 방향에 따라, 체중이 실리며, 회전축이 될 만큼 단단히 버티며 균형을 유지해야 한다. 스윙 과정에서 처음에 균형이 어려우면 발바닥 전체로 안정감 있게 서도 된다. 스윙이 익숙해지면 체중을 약간 앞쪽에 두는 것이 파워가 더 실려짐을 저절로 알게 된다.

6) 헤드는 토우가 살짝 들리는 것이 좋다. 신장에 따라 다르겠지만, 토우가 약간 들리지 않고, 솔이 전부 바닥에 닿으려면, 그립을 쥔 손목이 더 펴져야 되는 경우도 있다. 그것은 절대로 안 된다. 손목은 유연성을 갖고 힌지와 코킹을 대비해야 한다.

토우가 살짝 들리는 것은 임팩트 순간, 힌지와 코킹을 원심력에 풀어 헤드를 떨구는 효과로 헤드가 먼저 공 옆으로 떨어지고, 샤프트는 오른쪽으로 휜다. 가느다란 플라스틱에 매달린 사탕을, 좌우로 흔들면 사탕이 먼저 움직이는 것과 같다. 따라서 솔 전체가 바닥에 닿은 상태로 어드레스 하면, 공보다 바닥을 먼저 스칠 수가 있다.

7) 공과 몸의 거리는 토우가 살짝 들릴 정도가 힌트가 될 것이다. 겨드랑이를 붙인 채 임팩트되는 수준이면 된다. 멀리 두면 당연하게 양팔의 밀착도가 약해지는 만큼 파워는 떨어진다.

8) 어드레스부터 오른 팔꿈치는 유연성을 갖고 있어야 한다. 백스윙 과정에서 겨드랑이에 붙어, 팔꿈치가 굽어지며 클럽의 방향을 이끌기 때문이다. 스윙은 왼팔의 힌지가 주도한다. 따라서 왼팔은 백스윙과 다운스윙 과정에서 팔꿈치가 펴져 있어야 한다. 연령이나 유연성에 따라 약간 굽어질 수 있지만, 다운스윙 과정에서 펴져야 한다.

⑫ 1주 차 - 첫 스윙

골프 스윙은 정말 어렵지 않다. 진정성 있는 전문가를 만난다면, 몸통 스윙, 어프로치, 그리고 퍼터까지 열 번 정도 레슨을 받고, 혼자 연습하고, 한두 번 더 교정받은 후, 필드를 연속해서 네 번 정도 경험하면, 누구나 보기골퍼는 단기간에 달성할 수 있다.

본 책을 정독한 후 독학하라. 느린 듯하나 가장 빠르다. 필자도 과거에 접했던 전문서적은, 정작 스윙은 빠져있고, 역시 디테일과 유형만 가득하여 어렵고, 직접 쓰기보다 번역서에 가까워 도움이 되지 못했다. 화면을 봐도 논리를 모르니, 팔로 클럽을 흔들며 흉내를 낼 뿐, 알 수가 없었다. 봐도 모른다. 비기너 눈높이로 쓴 이 책을 꼭 완독 후 독학하라.

테이크어웨이

골프클럽 외 연습도구는 살 필요가 없다. 한두 번 쓰고 이해하면 만지지 않게 된다. 스윙을 이해하지 못할 때는 프로선수들의 완벽한 스윙을 보면서도, 친절한 설명을 곁들여도, 정확히 이해할 수 없다. 흉내를 내며 팔만 휘두른다.

스윙 단계는 명칭까지 숙지해야 책의 진도를 정확하게 따라갈 수 있다.

• **테이크어웨이**는 클럽이 우측으로 45도 혹은 8시 방향에 위치하는, 스윙의 첫 단계다. 헤드페이스는 공을 향해 있어야 한다. 손목을 전혀 쓰지 않고, 양쪽 겨드랑이를 붙인 채 양쪽 어깨를 뒤로 돌린다. 동시에 우측 골반이 뒤로 돌며 상승하고, 왼쪽 무릎은 앞으로 나온다.

• **하프웨이**는 어깨 회전을 지속하여, 우측으로 샤프트가 지면과 수평이 된 상태로, 왼팔을 뻗어

하프웨이

져 있으나, 오른 팔목은 굽어져 가슴 오른쪽에 붙는다. 손목을 돌려 헤드가 돌아가, 토우가 하늘을 본다.

• **암리프트**까지 지속해서, 양어깨를 뒤로 돌리는 것이며, 왼쪽 어깨가 턱밑까지 와 있다. 왼팔은 펴진 채, 오른팔은 굽어져 팔꿈치까지 우측 가슴 옆에 밀착한다. 왼손을 엄지 쪽으로 꺾어 클럽을 세우는 힌지, 오른손을 손등 쪽으로 꺾어 클럽을 누이는 코킹 된 상태로, 양손 그립은 옆구리를 지나 등쪽으로 돌아간 상태다. 양어깨만으로는 더 이상 뒤로 돌아가지 않는다. 힌지 되고 코킹 된 상태는 백스윙 탑까지 그대로 유지된다.

• **백스윙 탑**은 암리프트 단계에서 변함없이, 허리와 골반을 뒤로 더 비틀어 돌리면, 힌지와 코킹이 궤도방향으로 클럽을 이미 조정을 했기에, 변함없이 머리 뒤로 상승한다. 이때 그립도

암리프트

팔도 최대한 뒤로 돌아가려는 노력이 우측 겨드랑이를 뒤쪽으로 팔꿈치가 밀려 떨어진다. 궤도는 힌지 방향으로 오르고 내린다.

샤프트가 머리 뒤에서 지면과 수평이 되면, 오른손은 쟁반 든 것 같은 느낌을 받는다. 오른발 뒤꿈치에 체중이 실리고, 오른발 무릎은 정면을 본 채 무릎부터 허벅지까지 비틀리며, 우측 골반은 상승해 있다. 왼 무릎은 앞으로 튀어나와 있다. 허리와 골반이 더 이상 돌아가지 못하는 한계까지 확실하게 비틀려 압축되어야 다운스윙이 제대로 된다.

구분 동작으로는 샤프트가 수평이 되기 어려우나, 연속 동작이 되면 탄력으로 헤드가 반대쪽으로 넘어가며 샤프트가 수평 혹은 반대쪽으로 더 기운다.

백스윙 탑

다운스윙

- **다운스윙**은 골반을 반대쪽으로 휙 틀어 돌려, 구심력으로 원심력을 만든다. 동시에 왼발바닥이 버티며 회전축처럼 관성을 키운다. 골반 허리 어깨의 역회전을 따라 힌지 방향으로 그립이 한 번에 내려오고, 코킹 되어 헤드를 뒤로 누이며, 돌아내려 야구 스윙 자세로 왼팔이 그립을 사타구니 앞까지 끌어내린다. 이때 샤프트가 지면과 수평이 되고, 원심력이 가속된다.

- **임팩트**는 다운스윙의 과정으로, 헤드가 원을 그리며 공이 있는 자리를 지나가며 스윗스팟에 공을 맞힌다. 다만 힌지와 코킹을 풀며 원심력에 가속되는 스냅 효과를 더 한다. 왼발바닥은 밀리지 않고 버티며, 회전축이 되어, 무릎이 앞을 보고, 왼발 전체가 반듯하게 버티며 비틀릴 뿐, 밀리면 관성의 효과가 급감한다. 차가 급정거하듯 해야 한다.

임팩트에서 중요한 것은 시선이다. 공이 없어진 자리, 아이언의 경우 디벗을 보고 고개를 돌

임팩트

려야 한다. 임팩트와 동시 결과를 보기 위해, 공을 따라 시선을 돌리는 순간 머리를 드는 습관이 배게 된다.

- **팔로우 스루**는 골반의 선행회전을 따라 몸이 뒤로 돌아가며, 원심력의 잔여 힘으로, 날아가는 클럽을 따라, 양손 그립이 회전하여, 오른손 그립이 위로 돌아 오르며, 오른팔이 뻗어지고, 왼 팔꿈치가 굽어지며, 오른손이 클럽을 세우고, 왼손이 뉘여 클럽헤드가 반대쪽 머리 뒤로 궤도를 그리며, 왼발바닥을 축으로, 이미 돌아간 골반을 따라 상체가 전한다. 궤도가 360도 원이니 좌우가 대칭인 것은 당연하다.

하체는 대칭이 아니다. 우측으로 상승하는 원은, 압축을 위해 오른발바닥이 무릎이 정면을 보고 비틀리며 버티나, 팔로우 스윙은 클럽에 남아있는 원심력에 편하게 끌리며, 골반의 구심력

팔로우 스루

을 따라 몸이 계속 회전하는 것이다. 왼발바닥은 버티며 관성으로 다운스윙 속도를 가속하지만, 오른발바닥은 뒤꿈치가 완전하게 들리고, 무릎도 타깃 방향으로 돌아가며, 발가락으로 디뎌 균형을 잡는다.

• **피니시**는 균형이다. 비기너는 피니시를 바로 풀지 말고 약 3초간 유지해주는 습관이 필요하고 그것이 스윙을 검증한다. 스윙이 틀리면, 피니시 자세가 바로 나오지 않는다. 몸이 돌아가며, 헤드가 오른쪽 어깨 아래쪽으로 내려 가며 샤프트가 뒤통수를 건드릴 수도 있다.

피니시

1. 어드레스

샤프트 길이나, 공의 위치나 7번 아이언이, 가장 보편적인 연습클럽이다. 어드레스 각론은 104~107페이지를 참조하면 된다.

7번 아이언을 쥐고, 중앙에서 공 하나쯤 우측에 공을 두고, 토우가 살짝 들릴 정도로 어드레스를 한다. 그립이 왼쪽 허벅지 안쪽에 위치한다. 스탠스를 어깨너비 정도로 하고, 팔을 늘어뜨리고, 양팔목이 펴지거나 너무 굽지 않도록, 편안하게 그립을 잡는다. 왼팔은 펴지나 오른 팔목은 유연성을 갖도록 한다. 공을 헤드페이스 스윗스팟에 맞춘다.

고관절을 45도로 꺾고, 적절하게 꼬리뼈에 힘을 주어 척추를 펴고, 턱을 살짝 들어 공을 본다. 발바닥의 무게중심은 약간 앞쪽이나, 자세를 배우는 과정이니 균형에 더 중점을 둔다.

2. 테이크어웨이

"100일 만에 보기골퍼"란 화두의 정수는 테이크어웨이다. 여기서 올바른 스윙이 결정된다. 상체와 하체가 동시에 시동을 거는 단계다. 스윙이란 머리부터 사타구니까지 봉이 든 것처럼, 몸이 돌아가야 한다. 그리고 어드레스 무릎 높이를 기억해야 한다. 공을 놓고 테이크어웨이를 시작한다.

우측으로 8시 방향

전개

어드레스 자세 그대로, 손목을 전혀 쓰지 않고 양어깨만 뒤로(옆으로 이동하는 것이 아니다)회전한다. 어깨만 회전하며 손목을 전혀 쓰지 않으니, 가슴이 밑변이 되고, 양팔이 이등변 그리고 그립이 꼭짓점인, 이등변 삼각형이 함께 움직인다. 이것이 몸통 스윙의 시작이다. 헤드페이스는 공을 향하게 유지한다. 편안하게 옆으로 클럽이 들리는 것이 아니라, 의식적으로 약간 아래로 내리며, 하체가 같이 시동을 걸어야 한다.

헤드가 들림과 동시, 우측 골반을 뒤로 뺀다. 골반이 뒤로 돌아가니, 왼쪽 골반은 앞으로 나오니, 왼쪽 무릎이 튀어나온다. 골반이 뒤로 돌아가니 양손 그립을 뒤로 당기는 효과로 클럽헤드가 들리며, 미세하게 아래로 원을 그린다. 어깨와 골반이 동시에 시동이 걸린다. 어느 한쪽이 빠르거나 늦으면 안 된다.

양어깨나 골반 모두 뒤로 돌아가고, 헤드도 뒤로 상승하며, 원을 그린다. 360도 스윙의 궤도를 옆에서 보면, 처음부터 끝까지 일정한 각도를 유지하지는 않는다. 테이크어웨이에서 암리프트까지 약 45도 수준의 기울어진 원을 그리나, 암리프트 자세 그대로 허리와 골반을 비틀어 돌릴 때는, 힌지 방향으로 궤도를 그리며 다소 가팔라진다.

요약

• 손목을 쓰지 않고 헤드가 공을 바라보는 그대로 상승한다.

- 양어깨와 골반이 동시에 뒤로 돌아간다. 왼 무릎이 튀어나온다.
- 가슴이 밑변, 양팔이 양변 그리고 그립이 꼭짓점 삼각형이 뒤로 돈다.
- 왼팔은 펴지나, 오른 팔목은 유연성을 갖고 굽어지기 시작한다.
- 오른쪽으로 8시 약 45도 수준으로 헤드가 돌아가면 멈춘다.

여기까지가 테이크어웨이는 끝이다. 따라서 스윙 폭보다, 시동을 양어깨와 골반으로 걸고, 가슴과 팔 등 상체가 삼각형이 돌아가듯 함께 움직여 파워를 축적하는 것이다. 배우지 않아도 헤드가 무거운 도끼질은 상체를 동시에 뒤로 젖혔다, 앞으로 던지며 던진다. 익숙하기 때문이다. 골프도 이처럼 힘을 축적하기 위해 클럽과 함께 몸이 옆으로 함께 돌아가야 파워가 형성되는 것이다.

반복

- 다시 천천히, 양어깨와 골반을 원위치시키듯 역회전한다.
- 삼각형도 그대로 제자리로 돌아오고, 헤드 스윗스팟이 공 옆에 복귀한다.
- 손목을 쓰지 않는 등 뒤로 돌아갈 때와 복귀는 완벽하게 같아야 한다.

반복한다. 눈을 감고 해보고, 원위치 된 상황을 확인한다. 몸이 기억하도록 반복한다. 머리로 아는 것은 아무 의미가 없다. 몸이 기억해야 한다.

3. 하프웨이

하프웨이는 중간단계로, 왼팔은 돌아가는 클럽의 그립을 밀어 올리듯 펴지고, 오른쪽 팔꿈치는 굽어지며, 팔꿈치까지 가슴 옆에 밀착할 만큼 달라붙는다.

오른쪽 골반이 상승하니 왼쪽 골반은 내려가며, 왼 무릎이 더 튀어나오고, 마치 얼굴이 약간 공 쪽으로 내려가는 느낌이 든다. 시선은 처음이니, 동작할 때 확인하기 위해, 돌릴 수는 있으나, 익숙해지면 항상 공을 보고 있어야 한다.

전개

테이크어웨이에서 몸에 코어가 있는 것처럼, 360도로 양어깨가 주도하여 더 뒤로 돌리면 골반이 돌고, 왼팔은 펴지고 오른쪽 겨드랑이부터 팔꿈치까지 가슴에 더욱 달라붙게 된다. 스윙과정에 팔이나 어깨에, 힘이 들어가는 부분은 한 군데도 없다. 힘이 들어간 곳이 없으면, 힘을 뺄 곳도 없는 거다. 그저 뒤로 어깨가 돌아갈 뿐이다.

왼팔이 왼쪽으로 주욱 펴지며, 샤프트가 지면과 수평이 되니, 자연스럽게 왼손 그립이 오른쪽으로 약간 돌아가야 하고, 오른손 그립이 손등 쪽으로 약간 꺾인다. 그렇게 손목을 쓰니, 그립이 돌아감에 샤프트가 돌아가, 헤드가 뒤집힌다. 토우가 하늘을 본다. 샤프트가 지면과 수평이 된 채, 토우가 하늘을 보는 단계가 하프웨이다.

힌지와 코킹 직전 단계. 힌지와 코킹은 크게 두 가지 역할이다. 첫째로 백스윙과 다운스윙의 궤도는 왼손 힌지 방향으로 오르고 내린다. 긴 칼을 내려치는 것을 상상하면 된다. 둘째로 다운스윙 때 클럽을 끌어내린 후, 원심력에 가속을 더해 스냅을 주어, 헤드를 공 옆에 떨구어 임팩트 강도를 배가시킨다.

요약

- 테이크어웨이에서 양어깨와 골반을 뒤로 더 돌려, 클럽으로 정확하게 9시를 가리킨다.
- 왼팔은 그립을 밀어 올리듯 펴지고, 오른팔은 굽어 가슴 옆에 달라붙는다.
- 왼손 그립이 오른쪽으로 돌아가고, 오른손 그립은 손등 쪽으로 꺾이며, 클럽 헤드가 뒤집히며 토우가 하늘을 본다.
- 상승하는 원 쪽인 오른쪽 골반이 올라가니, 왼쪽 골반은 상대적으로 내려가며, 왼 무릎이 더 튀어나오고 마치 얼굴이 아래로 내려가는 느낌을 받는다.

테이크어웨이가 익숙해진 후, 하프웨이 모양을 미리 보고, 양어깨와 골반을 뒤로 더 돌리며, 손목을 사용하여 자세를 완성한다. 오른쪽 팔꿈치까지 가슴 옆에 달라붙는 것과 헤드가 뒤집히도록, 손목을 사용하기 시작한다. 삼각형의 한 변인 오른팔이 가슴 옆에 달라붙지만, 어느 정도 삼각형의 모양은 유지된다.

- 테이크어웨이에서 하듯 다시 천천히 공 옆으로 헤드를 복귀한다.
- 뒤로, 앞으로 회전하는 것은 두 양어깨와 골반으로 동일하게 해야 한다.
- 어드레스부터 하프웨이까지 반복하는 것이다.

지루한 느낌이 들어도 천천히 반복하며, 양어깨로 백스윙을 하는 것이 습관이 되고, 그에 따라 골반이 돌며 하체와 양팔이 변하는 것을 몸이 기억해야 한다. 오른쪽 팔꿈치가 가슴 옆에 붙었지만, 가슴도 양어깨의 회전에 따라 뒤로 돌아가 있는 상태다. 스윙 전 구간 양팔이 주도하는 경우는 없다. 백스윙은 어깨가 다운스윙은 골반이 주도한다.

4. 암리프트

스윙과정을 나열한 사진 중 정면에서 보았을 때, 우측으로 클럽이 수직으로 선 단계가 암리프트다. 하프웨이는 샤프트가 지면과 수평, 암리프트는 왼팔이 지면과 수평이다. 정면 사진은 옆에 클럽이 수직으로 선 것으로 보이나, 그립도 양어깨를 따라 회전하며 등 쪽으로 돌아가 있고, 힌지와 코킹으로 샤프트도 뒤로 상당히 누워있는 상태다. 비기너 때는 골프 스윙이 오른쪽에서 왼쪽으로 하는 동작으로 느껴지나 360도 뒤로 돌고 앞으로 도는 것이다.

전개

어드레스에서 하프웨이, 그리고 계속해서 양어깨와 골반을 더 뒤로 돌린다. 양어깨가 90도로 돌아가서 왼쪽 어깨가 턱밑으로 온다. 양쪽 무릎은 정면을 본 채 유지하니, 오른쪽 허벅지는 비틀리는 느낌이 들고, 왼쪽 무릎은 우측으로 당겨지듯 약간 기운다. 상승하며 회전하는 오른쪽 골반 위 허리 부분도 비틀린 느낌이 전해진다.

양어깨 회전에 따라, 그립도 상승하며 돌아가고, 왼손이 엄지 쪽으로 꺾이며 클럽을 세우고, 오른쪽 겨드랑이가 붙어 밀리듯 오른손은 손등으로 꺾이어 코킹이 된 상태로 클럽을 뒤로 당기듯 하니 힌지와 코킹이 균형을 맞춘 위치에서 클럽은 수직으로 선 채 뒤로 약간 기운다.

양손 그립 위치는 허리를 지나 등 쪽에 있다. 가슴과 허리도 팽팽하게 뒤로 돌아간 상태다. 이제부터 손목은 백스윙 과정에서 더 이상 변화가 없고, 어깨 회전도 한계에 이른다. 여기서 백스윙탑을 만드는 과정은 힌지 방향이 궤도가 되고 허리와 골반을 더욱 비트는 것뿐이다. 피벗드릴을 연상해본다.

요약

- 하프웨이에서 양어깨를 계속해서 뒤로 돌린다. 우측 골반 역시 팽팽하게 따라 돌아간다. 회전의 주도는 양어깨. 몸 안에 코어가 있는 것처럼 회전해야 한다. 좌우로 회전 방향대로 하체가 움직이면 안 된다.
- 뒤로 돌아가는 과정에서 왼팔은 계속 펴져 궤도의 반지름이 되고, 오른쪽 겨드랑이는 가슴에 붙어 함께 뒤로 돌아가며 오른손이 밀리듯 자연히 손등 쪽으로 꺾이는 코킹이 된다.
- 양어깨는 더 이상 돌아갈 수 없을 때까지 돌린다. 수평이던 어깨가 90도를 돌아 수직으로 왼쪽 어깨가 턱밑으로 온다. 클럽은 힌지와 코킹이 균형을 이루어 수직으로 서고 뒤로 약간 기운다.
- 어깨 회전에 따라 골반이 계속 상향으로 돌아가니, 왼쪽 무릎은 정면을 본 채 우측으로 약간 당겨진다.
- 우측 무릎이 정면을 본 채 회전하니 허벅지는 비틀리며, 발바닥 뒤꿈치에 체중이 팽팽하게 실린다.

암리프트는 힌지와 코킹의 완성으로 궤도방향이 정해진 것이다. 아울러 양어깨 회전의 한계다. 이제 파워를 더 축적하기 위한 회전은 허리와 골반의 역할만 남은 상태.

반복

- 공을 둔 상태에서, 양어깨 회전으로 삼각형이 돌아가며, 하프웨이와 암리프트 단계까지 스웨이되지 않고 360도로 돌아가며 왼팔이 반지름처럼 뻗어지고 오른쪽 겨드랑이부터 팔꿈치까지 가슴에 달라붙어 회전하며, 그립의 변화를 기억한다. 암리프트 완성은 궤도방향의 완성이다.
- 공을 건드리지 않고, 눈을 뜨고, 눈을 감고, 몸이 기억하도록 암리프트 상태에서, 자세를 풀지 말고, 역순으로 내려온다. 내려오는 것도 양어깨가 주도한다. 어느 경우에도 팔이 주도하면 안 된다.

• 물론 다운스윙궤도는 백스윙 궤도와 다르다. 단지 이런 연습을 통해, 몸이 스윙을 기억하고, 어느 경우에도 그립이나 팔이 주도하지 않는, 몸통이 주도하는 백스윙을 바르게 가져가는 습관을 들이며 몸의 균형을 잡기 위함이다.

5. 암리프트에서 다운스윙 1단계

여기서 허리와 골반을 더 비틀어 돌리면 백스윙 탑이나, 골프 스윙의 가장 기본이 되는 대칭스윙을 익힌다. 암리프트 자세가 대칭스윙을 가장 상징적으로 보여주기 때문이며, 실질적으로 스윙 동작은 다 들어있다. 아울러 아직 공 한번 터치를 못 했는데, 백스윙탑에서 풀스윙을 익힌다면, 스윙 폭이 커서, 균형 잡기가 어려워진다.

위아래로 암리프트를 반복할 때 헤드가 공 옆을 찾아가는지 확인하기 위해 놓였던 공을 치운다. 백스윙은 양어깨가 주도했고, 비교적 느리고 단계가 있다. 손목을 쓰지 않는 테이크어웨이, 손목을 쓰기 시작하는 하프웨이, 그리고 지속해서 양어깨가 돌아가며 힌지와 코킹으로 암리프트가 되면 어깨 회전의 한계라는 명확히 구분되는 단계가 있었다.

다운스윙은 조였던 스프링이 튀어 오르듯, 한 번에 풀린다. 시동은 골반이 건다. 암리프트 자세에서 역시 몸 중심에 회전축이 있다는 느낌으로, 코어를 중심으로 돌 듯 골반만 왼쪽으로 돌린다. 골반이 돌아간다는 것은 왼쪽 골반이 상승한다는 뜻이다. 골반을 따라 허리가 돌아가고, 양어깨가 반대로 회전한다. 오른쪽 어깨가 내려간다. 살짝만 돌려도 허리와 양어깨가 이어서 돌아가고 오른쪽 팔꿈치가 옆구리를 누르듯 파고들며 헤드를 뒤돌려 떨어뜨린다.

겨드랑이가 붙은 채 어깨가 내려가니, 클럽헤드가 어깨가 회전하는 만큼, 돌아내려 온다. 뻗어진 왼팔이 사타구니 앞에 오면, 골반은 이미 다 돌아가 있고, 우측으로 90도로 돌아갔던 양어깨는, 반대로 60도쯤 돌아와 있다. 오른쪽 팔꿈치는 옆구리 앞쪽 말랑한 부분을 파고들 듯 붙어있고 양손은 힌지와 코킹을 유지한 상태다.

연속 동작이 아니니 혼동될듯하나 골반을 반대로 돌리는 동작은 한 번에 끝난다. 그러나 지금은 회전에 따른 동작을 구분해서 배우는 단계로 상체 움직임을 2단계로 나누어본 것이다. 이

처럼 다운스윙 어디에서도 팔로 공을 때리려 움직이는 동작은 없다. 파워는 곧 회전이며, 회전축이 만드는 원심력일 뿐이다.

8열 종대가 행과 열이 틀리지 않고 돌아가려면, 가장 안쪽의 사람은 제자리서 걷고, 밖으로 갈수록 보폭을 크게 해서 빨리 걸어야 한다. 그런데 제일 안쪽의 사람이 급하게 돌면서도 행과 열을 유지하자면 행이 서로 단단히 붙어있어야 할 것이다. 그래서 겨드랑이가 단단히 붙어있어, 골반-허리-어깨-팔-클럽이 연결되며 휘돌아가니, 제일 큰 원 헤드는 가공할 속도가 된다.

① 암리프트 자세에서 골반을 왼쪽으로 천천히 돌린다. 처음이니 천천히 돌리지만, 우측 팔꿈치가 옆구리를 파고들 듯 허리가 왼쪽으로 휘는 느낌으로 돌며, 코킹과 힌지로 인해 클럽 헤드는 뒤로 넘어가듯 뒤돌아 나온다.

② 하체는, 골반이 왼쪽으로 상승하며 돌아가니, 오른쪽 무릎이 앞으로 튀어나오며, 왼 무릎은 뒤

로 펴지나 무릎은 정면을 본 채 비튼린다. 왼쪽 발바닥은 밀리지 않고 굳건하게 디뎌 버틴다. 오른발바닥은 앞쪽으로 왼쪽으로 힘이 전달되고 체중은 골반 회전에 따라 왼발바닥으로 급하게 이동한다.

③ 왼팔은 펴진 채, 힌지 방향으로 궤도를 그리며, 어깨 회전을 따라 헤드가 돌아내리면, 양손 그립을 사타구니 앞까지 끌어 내린다. 오른쪽 가슴에 붙은 채 옆구리를 파고든 우측 팔꿈치로 인해, 허리가 왼쪽으로 휘며 야구스윙 자세가 된다. 그립은 힌지와 코킹을 유지한 상황이다.

④ 헤드를 힌지 방향 궤도로 계속 끌어내리지 않고, 그립이 사타구니 앞에서 멈추며, 골반에 따른 어깨 회전에 따라 헤드가 돌아내려 야구 스윙 자세가 되면, 샤프트가 지면과 수평이 될 때 멈춘다. 이때 헤드는 옆에서 앞으로 약 40도쯤 더 돌아간 상태가 된다. 만약 야구라면 그대로 골반을 따라 수평으로 몸을 회전하면 될 것이다.

⑤ 이렇게 양손 그립이 사타구니 앞에 왔을 때가, 암리프트 다운스윙 1단계. 체중이 왼발바닥에 실리고 오른발 뒤꿈치가 들리며 골반은 빠른 속도로 탄력 있게 돌아간 상태다. 억지로 그립을 멈춘 것이다. 40도 내외 헤드가 앞으로 돌아간 자리가, 어깨회전을 따라 공을 향하는 궤도를 그리며 헤드를 떨어뜨릴 위치다. 골반 회전에 따라 어깨가 180도를 회전하며 클럽을 떨어뜨리고 힌지와 코킹이 스냅을 주기 직전의 단계다.

⑥ 시선은 암리프트를 만드는 과정부터 줄곧 공을 본다.

1단계를 사진을 보아가며, 반복한다. 반복할수록, 자연스럽게 골반 회전이 빨라지고, 왼팔이 뻗은 그대로 그립을 끌어내려, 사타구니에 멈추고, 헤드가 뒤로 누워 돌아내리며, 샤프트가 지면과 수평이 되고, 옆구리로부터 40도 전후 더 나아간 상태가 될 때, 원심력을 갖은 클럽의 탄력이 느껴질 것이다.

6. 암리프트에서 다운스윙 2단계

다운스윙 중 골반을 360도 방향으로 되돌리는 것은 구분 동작이 어려운 부분이다. 다만 다른 동작을 설명하기 위한 것일 뿐 실질적으로 골반은 백스윙상태에서 좌우로 스웨이 되지 않으면서 360도를 돌 듯 왼쪽 뒤로 단번에 돌며 회전축으로 허리 어깨, 그리고 양팔을 돌리며 클럽에 원심력을 일으킨다. 골반은 무책임할 만큼 다른 여지없이 반듯하게 회전하는 것으로 역할은 끝난다. 1단계에 위치한 헤드는 어깨가 180도 회전하면 자연스럽게 밑으로 떨어진다.

골반이 허리와 양어깨 회전을 유도하니, 어깨는 다운스윙의 2단계에서 약 150도를 돌아 가슴이 왼편을 보게 된다. 아직도 겨드랑이는 붙어있고 우측팔꿈치 역시 옆구리를 누르듯 몸통과 함께 움직인다. 이때 힌지와 코킹을 유지한 상태다. 따라서 핸드퍼스트로 그립이 먼저 내려오고 클럽이 후크에 걸린 듯 뒤따라 내려온다. 힌지와 코킹이 아니라면, 헤드는 공에 인접했을 것이나 약 40센티 전후의 거리가 남은 상태다. 그립은 이미 왼발 위까지 와있다.

오른발바닥 뒤꿈치가 들리고, 엄지발가락 쪽이, 왼쪽으로 비틀리는 느낌을 받는다. 왼발바닥 앞쪽이 왼편으로 밀릴 듯하지만 단단히 버티며, 왼발 무릎은 뒤로 더 펴진다. 왼쪽 무릎 역시 골반과 마찬가지로, 인위적으로 표현하기 위한 구분 동작일 뿐 한 번에 뒤로 펴질 듯, 다운스윙의 회전축이 된다. 그러나 완전히 일어서듯 무릎이 펴지지 않고 탄력을 유지한다.

2단계는 1단계에서 골반회전에 의한 허리와 어깨가 돌아가며 클럽이 더 내려온 것일 뿐 큰 의미는 없다. 여기서 힌지와 코킹을 풀면 다운스윙 중 가장 스피드한 구간이 된다. 그것이 3단계다. 구분 동작을 이해하며 예습하듯, 골반을 돌리며 왼 무릎이 펴지듯 왼발바닥으로 단단히 버티며 스윙을 먼저 해보는 것도 좋다. 단지 원리를 이해하라는 의미로 구분 동작을 디테일하게 설명할 뿐이다. 어느 경우도 양팔과 어깨에 힘을 주는 스윙은 없다.

① 실질적으로 연속 동작이니 그립 높이는 사타구니 앞에서 큰 변화가 없으나 양쪽어깨가 약 150도로 더 회전하며 오른쪽에 달라붙은 겨드랑이와 팔꿈치로 인해 그립이 힌지와 코킹을 유지한 상태 즉 핸드퍼스트로 클럽헤드를 공쪽으로 내린다.

② 왼발바닥 앞꿈치가 왼편으로 밀리나 단단히 버티며, 오른발바닥 뒤꿈치는 들리고, 엄지발가락 쪽으로 딛어지며, 왼편으로 회전되기 직전이다. 골반이 회전하며 주도하는 다운스윙으로, 원심력으로 달아나려는 클럽을 후크로 걸듯 잡지 않고 손가락으로 감아 클럽을 당겨 내린다고 생각하면 된다.

③ 다운스윙은 클럽헤드가 360도 원을 그리는 것이 아니라, 그립 쪽이 당겨지듯 먼저 내려가며 헤드가 끌려오듯 어깨 턴에의해 원을 그린다. 동력은 골반회전을 따라 허리와 양어깨가 돌아가며 만드는 원심력이다. 그것을 겨드랑이가 붙어 함께 돌아가니 왼팔이 반지름되어 그립이 샅타구니앞으로 당겨진다. 만약 클럽헤드로 동그랗게 360도 원을 그리려면, 골반 회전으로 원심력을 만들기보다, 낚시하듯 팔을 우측으로 던지며 그립을 내밀어 힌지와 코킹 없이 클럽을 돌려야 한다. 탄력 없는 임팩트가 될뿐더러 부상의 위험까지 있다.

극단적인 예지만 이렇게 낚시하듯 주욱 내밀어 다운스윙하는 자세를 캐스팅(Casting)이라 한다. 반대로 힌지와 코킹을 유지하며 그립을 끌어 내리는 것을 래깅(Lagging)이라 한다. 캐스팅은 틀리고 래깅은 맞다고만 생각하면 된다. 더 이상의 고민은 의미가 없다.

2단계는 1단계에서 어깨회전에 따라 헤드가 아래로 회전하며 떨어지는 구간의 의미이므로, 힌지와 코킹을 푸는 3단계로 진입하기 전에 래깅에 대한 생각을 덧붙인다. 힌지와 코킹을

지연시키거나 빨리 풀거나 전혀 신경 쓸 필요가 없다. 그것을 고민하며 다운스윙을 하다 보면 골프가 철학이 된다. 그저 골반을 돌리면 허리, 양어깨, 그리고 겨드랑이가 붙은 팔이 동시에 돌아내리며 클럽헤드에 원심력을 갖게 하면 된다. 그리고 임팩트 직전, 공에 헤드를 떨구기 위해 힌지와 코킹을 푼다는 생각만 하면 된다.

힌지와 코킹을 풀어 스냅 효과를 주는 동작이, 비거리에 영향을 주려면 첫째는 탁월한 운동감각을 타고나야 한다. 타고난 감각이 없는 상태로 그것을 연습으로 극복하자면 수년이 소요될 것이다. 둘째는 야구투수나 배드민턴 혹은 테니스 등 유사한 운동에서, 손목이 선수 수준으로 단련된 분들이라야 한다. 자기 스윙에 만족하면 된다. 성적은 비거리가 아니라 어프로치와 퍼팅이다.

7. 암리프트에서 다운스윙 3단계

다운스윙을 쉽게 이해할 수 있도록 단계를 더욱 세분한다. 골반은 왼쪽으로 상승하며, 왼 무릎이 뒤로 더욱 탄력 있게 세워지고, 왼발바닥이 단단히 버티니, 왼 무릎부터 허벅지가 강하게 비틀리나, 반듯하게 서서 회전축을 해준다. 오른발 뒤꿈치가 더욱 들리며, 엄지 쪽에 무게가 실리며, 무릎은 왼편으로 많이 돌아간다.

양어깨가 180도로 돌아가며 그립이 왼쪽 허벅지를 지난다. 임팩트 순간이다. 구분 동작이 아닌 경우, 당연하게 골반 허리 몸통 양어깨가 돌아가는 속도는 대단히 빠르고, 원심력이 전달된 가장 큰 원을 그리는 헤드 속도는 가공할 정도로 가속이 점점 붙는다. 헤드 속도가 가장 빠른 다운스윙 구간이 3단계다.

왼편에 벽이 있는 것처럼 왼발이 반듯하게 버티어주며 무릎이 탄력을 유지한 수준으로 펴지고, 골반 회전도 한계로 왼발바닥이 회전축이 되듯 버티는 순간, 힌지와 코킹을 풀어, 그립이 왼쪽으로 돌아가며 스윗스팟에 공을 맞힌다. 원심력으로 강한 스피드로 돌아 내려가는 헤드에 힌지와 코킹이 스냅을 주듯 풀리며, 가속을 더해 헤드의 스윗스팟에 공을 맞히는 것이다.

이때 머리 높이를 기억하려는 노력이 왼 무릎이 상당히 펴지는 순간에도 공에 시선을 둔 채

약간 더 숙인 듯한 그림이 연출된다. 골반은 왼편으로 상승하며, 더 이상 돌지 않을 만큼 회전하니 상대적으로 우측 골반은 내려오고 오른 무릎이 굽은 채 왼편으로 돌아가고 양어깨도 180도 회전으로 우측 어깨가 턱밑으로 온다. 아직도 시선은 공을 보고 있다.

양손 그립이 왼쪽 허벅지를 지날 때, 임팩트 스냅 효과로 힌지와 코킹을 풀었으니 양팔이 탄력 있게 펴지며, 왼쪽 허벅지를 지나, 양팔과 클럽이 일직선으로 뻗어 왼편으로 약 30도를 가리킨다. 헤드는 왼편으로 가는 듯하나 이미 뒤로 돌아가기 시작한다. 시선은 공이 날아간 자리 디벗을 봐야 한다. 그렇게 습관을 들여야 한다. 물론 지금은 공을 두지 않고 연습하고 있다. 다운스윙 3단계다.

① 히프를 왼편으로 더 돌리며, 회전하는 골반은 왼쪽으로 상승한다. 왼발바닥이 왼쪽으로 밀리듯 돌아가는 것을 버티며, 무릎은 정면은 본 채 비틀린다. 왼발바닥의 버팀은 관성을 극대화하기 위한 급정거와 동시에 회전축이다. 왼 무릎은 약간의 탄력을 남긴 채 펴진다. 오른발바닥은 뒤 꿈치가 더 들리고 엄지발가락 부분으로 균형을 잡고, 오른쪽 무릎은 왼편으로 돌아간다. 왼발 전체의 모양은 무릎이 약간 굽었지만, 좌우로 기울지 않아야 한다.

② 골반이 이미 끝까지 돌아서 구심축이 되었고, 허리가 따라 돌고, 양어깨도 180도 회전하며, 클럽의 원심력은 더욱 커지나, 이 모든 것을 급가속하는 것은 왼발바닥이다. 버티며 급정거하듯 회전축이 될 때, 그 탄력으로 힌지와 코킹을 푼다. 풀며 스윗스팟을 공에 맞춘다. 드라이버는 어퍼블로우, 우드와 유틸리티는 공 옆을, 그리고 아이언은 공을 누르듯 임팩트된 후 공 밑을 파고 들어 올리며 디벗을 만든다. 지금 연습과정은 공이 없다. 아이언 7번으로 연습하는 경우 공이 놓일 자리를 지나서 매트를 스쳐야 맞다. 디벗 자리다. 그러나 아직은 매트를 스치는 상태가 일정하지 않아도 된다.

③ 그렇게 스냅 주듯 임팩트되는 탄력으로 양팔이 펴지며, 그립부터 샤프트와 헤드까지 일직선으로 쭈욱 뻗으며, 왼편 허벅지를 지나, 40도에서 멈추면 3단계이다. 왼발바닥이 버틴다는 의미는 골반 회전으로 왼편으로 체중 이동이 완전히 진행되었다는 것을 의미한다. 오른발은 모든 체중을 왼편으로 실었기에 엄지발가락으로 균형을 잡으며, 회전할 준비가 된다.

참고로 대칭스윙은 상체다. 하체는 체중 이동과 관성을 유도하기 위한, 급정거하듯 회전축과 동시에 버티는 왼발바닥으로 대칭이 될 수가 없다.

8. 암리프트에서 다운스윙 4단계

여기까지 팔에 힘을 주는 경우는 단 한 번도 없었다. 골반의 회전 즉 힙턴을 원동력으로 몸통과 양어깨, 그리고 겨드랑이가 붙어 모두 함께 회전하며, 클럽헤드의 원심력에 가속을 더했을 뿐이다. 파워의 핵심인 임팩트 구간이 3단계였다. 여기서도 팔은 그저 구심력으로 그립을 후크처럼 걸어, 클럽의 방향을 유도할 뿐이었다. 그러니 골프 스윙에 힘줄 곳은 애초에 없다. 스윙 동작을 이해한 후의 관건은 리듬과 스피드다.

척추 각, 무릎과 머리 높이는 골프를 즐기는 한, 피니시까지 몸이 기억하도록 습관을 들여야 한다. 날아가는 공보다, 디벗을 보려는 노력은 큰 도움이 된다. 동작이나 결과에 급급하여 서둘지 않는 것이 골프 동작의 품격을 높임과 동시 정확한 임팩트에 도움이 된다. 결과는 귀로 들으면 된다. "굿샷."

3단계가 스윙의 정점인 임팩트이긴 하나, 역시 궤도의 한 지점일 뿐이다. 노려서 공을 때리는 지점이 아니다. 공을 멀리 보내기 위한 임팩트 과정은 어드레스부터 이미 시작인 것이다. 스윙이 제대로 되어야 정확한 임팩트가 완성된다. 양어깨로 힘을 축적하고, 골반으로 원심력을 만들며, 스윙의 한 지점에서 왼발바닥으로 버티는 순간 원심력의 관성이 극대화됨과 동시, 힌지와 코킹으로 스냅을 더하고, 스윗스팟에 공이 맞도록 그립이 방향을 유도하는 것이다.

4단계는 암리프트 다운스윙의 대칭완성이다. 난생처음 클럽을 잡아보는 분들도, 백스윙의 암리프트 과정과 대칭스윙 1~3단계를 거치며, 부족하나마 스윙이 어떤 것인지 감은 잡았으리라 생각이 든다. 너무 고민할 필요 없다. 연습이 거듭되며, 책을 한 번 더 보면, 필자가 의도하지 않았다 해도 행간의 의미까지 새로이 보이며, 스스로 자기 몸에 맞는 샷이 찾아질 것이다. 피 벗드릴을 평소 다른 일을 하면서 지속하라.

3단계 임팩트 후 왼편으로 약 40도쯤에 양팔과 샤프트가 일직선이 된 후, 오른발 무릎이 돌아 왼편을 보고, 발뒤꿈치가 더 들리며 엄지 쪽 발끝으로 오른발을 세우며, 왼편으로 돌아간다. 하체는 대칭이 아니다. 왼발은 다운스윙에서 피니시까지 발바닥이 버티며, 정강이부터 무릎 위 허벅지가 뒤돌아 비틀려도 반듯하게 회전축이 되어야 한다.

4단계의 에너지는 3단계에서 가속된 스윙 스피드의 관성으로 대칭을 완성한다.

임팩트 후 정지화면은 양팔과 샤프트가 왼편으로 40도를 가리키나 왼발을 회전축으로 상체와 하체는 계속 회전하는 상태다. 백스윙은 그립이 클럽을 들어 올렸지만, 다운스윙은 원심력

의 관성으로 달아나는 클럽을 후크처럼 건 그립으로 궤도를 그리며, 오른손 왼손의 역할이 전환된다. 임팩트 순간 양손 그립은 어드레스로 복귀하고, 임팩트 구간이 지나면서 그립이 왼편으로 돌아 오른손이 올라오며, 오른 팔목이 펴지며, 왼 팔목은 굽어 겨드랑이를 붙이니, 양손 역할이 전환되어 왼쪽에서 하프웨이 모양으로 상체는 계속 뒤로 돌아간다.

클럽이 달아나는 것을 머리 뒤로 궤도를 잡기 위해 오른손이 힌지 역할을 하고 왼손이 코킹처럼 클럽을 세우고 뒤로 누인다. 4단계 암리프트에서 대칭스윙의 완성이다. 체중은 완전히 이동하여 오른발 뒤꿈치는 들려 엄지 쪽으로 균형을 잡고 무릎도 왼편으로 돌아서 있다.

① 왼편으로 헤드가 약 40도 방향에 있고, 양팔이 샤프트까지 반듯하다. 백스윙과 다운스윙의 대칭스윙은 모양은 같지만, 백스윙은 그립이 클럽을 들어 힘을 축적하는 동작을 취했으나, 다운스윙은 원심력의 관성으로 클럽이 달아나고, 왼발바닥이 급정거하는 역할로 몸통 역시 빠르게 뒤로 돌아가는 스피디한 동작이다.

② 임팩트와 동시 그립은 왼쪽으로 돌며 상승한다. 왼 팔꿈치는 유연성을 갖고 겨드랑이가 붙으며 오른팔은 펴진다. 왼손과 오른손이 전환되며 왼쪽으로 샤프트가 지면과 수평이 된다. 클럽에 남아있는 원심력의 관성이 계속 달아나려는 힘을 갖고, 왼발바닥을 회전축으로 급정거하는 듯한 관성으로 몸통도 이미 돌아간 골반을 따라 뒤로 돌아가고 있다.

③ 왼발은 몸통이 계속 돌아가도, 무릎이 정면을 보며 굳세게 버티고, 정강이부터 무릎 위 전체가 뒤로 비틀리면서도 반듯하게 서 있다. 구르거나 왼발을 던지면 안 된다. 반듯하게 어드레스 그대로 버티어 비틀릴 뿐이다. 이미 체중은 회전만으로 왼발바닥에 모두 실려 있다. 반면에 오른발은, 임팩트 순간 왼발에 모든 체중이 실리며, 회전하는 몸통을 따라 무릎이 왼편으로 돌아가며 뒤꿈치가 들리고, 엄지발가락으로 균형을 잡는다.

④ 하프웨이에서 몸이 돌아가고, 클럽이 달아나려는 관성 그대로 펴진 오른팔이 엄지 쪽으로 클럽을 세우고, 왼손 그립이 손등 쪽으로 꺾이며, 클럽을 뒤로 누여 피니시 궤도 방향을 잡는다. 몸통 회전으로 양손 그립은 허리를 지나 등 라인까지 돌아가 있다. 왼팔꿈치는 굽어 왼편 가슴에 단단히 붙어, 몸통과 함께 뒤로 돌아가며 헤드는 뒤로 넘겨져 있지만, 정면 사진의 샤프트는 수직으로 보인다. 암리프트 대칭스윙의 완성이다.

이상이 일주일 만에 대칭스윙 개념을 익힌 것이다. 직접 지도하면 당일에 끝날 것이다. 자기 것으로 만드는 시간이 필요하다. 글을 먼저 읽고, 동작을 해보고, 다시 글을 읽고, 동작을 해보면, 동작도 점차 내 것이 되면서, 행간의 의미까지 읽게 되는 순간, 스윙을 전혀 모르고 보았던 매체의 강의나 기타 프로들의 스윙이, 비로소 이해가 될 것이다. 눈감고 할 수 있을 때까지 대칭스윙을 공 없이 연습한다.

물론 골프TV 강의는 아직 안 보는 것이 좋다. 단편적이고 소재발굴에 애쓰는 상황임에 침소봉대하고 과장된 강의가 많다.

13 2주 차 공 맞히기와 풀 스윙

공 없이 연습한, 암리프트 대칭스윙으로, 감은 잡혔을 것이다. 골프 스윙은 머리부터 사타구니까지 코어를 중심으로 돌아가는데, 팔이 겨드랑이에 붙어 함께 회전하니, 클럽이 원심력으로 달아나려는 힘을, 그립이 후크처럼 클럽을 걸어 궤도와 임팩트되는 방향으로 유도하는 것이다.

풀스윙에서 쓸 글이나, 스윙을 이해하기 위해 미리 쓴다면, 공을 멀리 보내고 싶은 욕망 즉 비거리에 대한 논의를 하자면, 가장 중요한 것은 무엇보다 천부적인 소질과 뛰어난 근력이 있어야 한다. 동일한 코치와 연습량이라 해서 동일한 결과를 기대할 수는 없다. 열심히 하는 것으로만으로는 천부적인 소질을 따라갈 수 없다. 차이를 인정하는 것이 빨리 행복해지는 길이다.

1. 비거리와 관련된 세 가지 요인

첫째 양손의 궤도를, 힘의 중심 즉 등허리에 싣는다. 그림은 토성의 띠를 생각하면 되고, 비유하자면 양동이에 가득 담은 물을 멀리 버릴 때, 허리 뒤로 돌려 앞으로 쏟는 것은, 힘의 중심이 허리 부위에 있어, 무거운 것을 내팽개칠 때 자연스럽게 등허리 높이에서 움직이는 것이다. 골프는, 어드레스가 적절한 척추 각으로 숙이니, 등허리로 궤도가 높게 보일 뿐이다. 의외로 목으로 오르는 등 너무 높은 궤도를 그리는 골퍼가 많다.

둘째 골반 회전의 스피드다. 회전하는 모든 물체는 원심력이 형성된다. 골반-허리-몸통-양어깨가 순서대로 회전하니 골반을 빨리 돌릴수록 양어깨도 빨리 회전한다. 겨드랑이를 붙이는 이유는 작은 원의 회전 속도로 큰 원이 동시에 돌기 위함이다. 지속되는 연습으로 근육이 형성되며, 회전 스피드가 늘고 적합한 스윙자세를 취할 수 있다면 비거리도 향상될 수 있다.

끝으로 원심력이 가속되며, 헤드페이스 스윗스팟을 공에 맞히기 직전, 힌지와 코킹을 풀어 가속을 더할 때, 스냅을 강하게 줄 수 있으면 된다. 클럽이든 채든 손목을 쓰는 점은 비슷하다. 테니스, 야구, 배드민턴 선수경력이 있는 경우 유리하나, 그런 운동경험이 적은 경우 상당히 어려운 숙제가 될 것이다.

비거리가 성적에 유리할 수는 있으나 핸디를 줄이는 관건은 역시 어프로치와 퍼터. 주말골퍼는 장타가 오히려 OB 확률을 높일 수도 있다. 약간의 훅이나 슬라이스로 페어웨이에 떨어질 공이, 길어지니 방향이 어긋나면 경계를 넘어버리기 때문이다.

비거리로 고민하는 비기너들 중 백스윙탑에서 최대한 압축하려는 노력이 왼손의 힌지를 엄지 쪽으로 유지하지 않고, 더 비틀려는 시도와 함께, 힌지된 왼손의 검지 부위를 손등 쪽으로 꺾어, 샤프트를 뒤통수에 붙이려는 동작을 하는 경우가 있다. 그 경우 다운스윙 시작과 동시 원위치시키는 만큼 스윙 폭이 줄어들어 원심력이 약해진다. 엄지가 궤도를 주도하여, 긴 칼로 자르듯 간결하게 내려와야 한다.

2. 스윗스팟 임팩트

어드레스를 할 때, 그립을 쥔 손목은 약간 굽어야 하며, 샤프트와 직선으로 펴지면 안 된다. 아울러 오른 팔목은 유연성을 왼 팔목은 반듯이 펴져야 한다. 오른팔은 굽어지며 겨드랑이부터 팔꿈치까지 가슴에 붙으니 유연성이 필요하고, 왼 팔꿈치는 반지름으로 임팩트 정확성을 위함이다. 헤드페이스를 공과 수직으로 반듯하게 두기보다 약간 우측으로 경사지고, 토우가 살짝 들린 정도가 좋다. 임팩트 순간 클럽 토우 쪽이 안쪽으로 휘어 훅이 되거나, 샤프트의 반응으로 너무 깊이 맞을 수 있기 때문이다.

공을 가까이 둘수록 힘을 쓸 수는 있다. 무거운 물건을 들 때 몸에 붙여 들어 올리는 것과 유사한 효과다. 그러나 클럽이 지나가는 공간이 부족해지고, 자칫 생크라고 힐에 공이 맞는다. 물론 멀리 두면 균형을 잃을 수 있고, 팔을 길게 뻗어 치니 파워도 줄어든다. 이는 논리보다 스윙을 거듭하며, 공을 위아래로 옮겨보며 적정한 거리를 스스로 충분히 찾을 수 있다.

난생처음 공이 놓이면, 긴장을 안 할 수 없다. 그저 지나가는 궤도상의 한 지점이란 것은 스윙을 잘할 때의 얘기이고, 지금은 공을 때린다는 생각과 제대로 맞혀야 한다는 강박관념이, 빈 스윙보다 느려지고, 공이 놓인 곳에서 움찔하며 마디가 생긴다. 그러나 정작 본인은 이런 변화를 잘 못 느낀다. 시간이 필요할 뿐 비기너에게 당연한 현상이다. 공이 없을 때처럼 스윙이 간결하고 물 흐르듯 하면 완성이다.

공 없이 암리프트 대칭 스윙이 익숙할 테니, 시선은 공을 지속해서 보고 있어야 한다. 골프에서 시선은 대단히 중요하다. 바라본 시선대로 스윙이 진행된다. 시선이 몸의 스윙 동작을 목표에 적합하게 유도한다고 해도 과언이 아니다. 정지된 상태나 스윙 중 공을 놓치면 맞지 않을뿐더러, 간혹 해저드를 앞에 둔 상황에서, 해저드를 자꾸 바라보며 어드레스 하는 경우 여지없이 공은 해저드에 빠진다. 빈 스윙으로 공이 놓일 자리에 시선을 유지한 채, 암리프트 대칭 스윙이 서툴면, 연습을 더 해야 한다.

골반 회전이 주도하는 다운스윙에서 대부분의 강사가 강조하는 것은 왼발바닥과 왼발이다. 원심력의 관성을 유도하고, 회전축이 돼야 하므로 던지거나 구르거나 왼발 전체가 반듯하게 버티지 않으면 안 된다. 무릎을 완전히 일자로 펴라는 뜻이 아니라 탄력을 유지하되 좌우로 기울어지면 안 된다는 것이다.

머리 높이와 무릎 높이를 기억하고, 척추 각을 유지한다. 그립은 가득 쥐지는 않지만, 손가락으로 단단하게 쥐어야 한다. 체중 이동은 없다. 그저 골반이 회전하는 쪽으로 체중은 저절로 전환된다. 이러한 모든 동작이 일치해야 스윗스팟에 공이 맞는다.

머리부터 사타구니까지 회전축처럼 코어가 있는 회전이라야 하며, 좌우로 스웨이 되어서는 안 된다. 물론 다운스윙 과정에서 오른쪽 허리가 왼쪽으로 약간 들어가는 것은, 클럽이 임팩트를 위한 자세를 취하기 위함이다.

강한 임팩트를 생각할수록 공 앞에서 스윙을 주춤하며 마디가 진다. 헤드를 떨군다. 떨구어 공을 맞힌다. 가볍게 터치한다. 임팩트도 궤도의 한 부분일 뿐이다. 그런 생각이 헤드의 스윗스팟에 공이 달라붙는 터치감을 준다. 비거리는 이 다음에 충분히 고민할 수 있다. 떨구어 맞춘다는 생각이 정확한 스윗스팟에 타점을 적중시킬 수 있다.

암리프트 대칭스윙 단계를 수시로 읽으며, 공이 날아간 자리, 필드라면 디벗을 먼저 본 후 날아가는 공을 보는 습관을 들인다. 그것이 스윙 자세를 끝까지 바르게 하고, 머리를 들지 않는 하는 비결이다. 공이 놓인 자리에서 타깃과 일직선으로 맞아야 된다. 양발 끝이 타깃과 일직선이 되는 것이 에이밍이다.

스윙 궤도는 양손 그립의 궤도이며, 목 쪽으로 너무 오르면 안 된다. 따라서 궤도는 약 45도로 누워있는 원이니 백스윙으로 어깨를 뒤로 돌릴 때 테이크어웨이부터 그 궤도를 명심한다. 테이크어웨이 때 삼각형이 뒤로 돌아가는 것은 도끼질을 할 때 상체를 뒤로 젖히는 것과 같은 힘의 축적이다.

스윙은 공 없는 암리프트 대칭스윙과 같으니 꼭 필요한 말만 추가한다.

• 공 없는 암리프트 대칭스윙과 다른 바가 없지만, 스윙 속도보다 스윗스팟에 공을 맞히려는 시도를 지속하고, 공이 달라붙듯 임팩트되는 느낌이 전해질 때까지 골반 회전 속도를 높이지 않는다. 느리거나 빨라도 일정한 리듬을 타야지, 백스윙 과정이나 다운스윙 과정에서 속도가 변하면 안 된다.

• 공이 놓인 자리와 타깃에 맞는 지점의 일직선을 확인하고, 그곳에 맞히도록 노력한다. 그것이 바른 스윙이다. 양쪽 발끝이 목표와 평행선으로 일치해야 한다.

• 공을 두고, 헤드를 맞춘 후 어드레스를 한다. 몸의 중심이 미세하게 앞쪽으로 쏠리는 상태가 맞다.

• 시선은 지금부터 습관이 들어야 한다.
  - 타깃점과 양발 끝이 평행하게 한 후 공이 맞아야 할 타깃을 다시 본다.
  - 백스윙을 시작할 때부터 임팩트 직후까지 공에서 시선을 떼지 않는다.
  - 임팩트 후 디벗을 확인한다. 매트 위 연습이니 7번 아이언으로 임팩트 된 후 헤드 엣지 부분이 매트를 스치는 소리가 들리면 된다.

• 척추 각을 유지하고 머리와 무릎 높이를 기억하라.

• 암리프트 대칭까지 그립은 풀어지지 않는다. 손가락으로 단단하게 쥔다.

• 공은 때리는 것이 아니다. 궤도의 일부분으로 헤드를 떨구어 맞히며 지나간다. 궤도를 그린다는 생각만 하면 된다. 필드 역시 마찬가지다. 공을 때린다는 부담보다 공을 향한 궤적을 그린다. 비거리 부담은 없어야 한다. 필드에서 홀과 거리가 있는 경우, 혹은 해저드를 넘겨야 할 때 몸통 스윙을 해도 비거리 부담을 갖는 순간 어깨가 경직되며, 임팩트 순간 클럽이 미세하게 당겨지면 탑핑이 된다. 그만큼 골프공이 작아서 민감하기 때문이다.

• 임팩이 정확한 것은 대단히 중요하다. 연습장이나 스크린 골프는 매트의 탄력과 매끄러움이 웬만한 미스샷도 적정한 비거리를 낸다. 그러나 필드의 단단함은 용서가 없다. 세게 치기보다 정확한 임팩트를 반복해야 한다.

• 부상에 유의하고 스트레칭을 반드시 하며, 스윙 중 급하게 멈추지 않는다. 골반회전을 연거퍼 하다보면 허리근육이 생기며 운동후 약간의 통증이 올 수가 있다.

• 자신감이 붙으면 하나에 암리프트 둘에 대칭스윙까지 리듬을 갖고 임팩트한다.

대칭스윙에서 공을 맞히는 연습을 지겨울 만큼 반복한다. 임팩트는 궤도의 한 지점이며 중요한 것은 에이밍과 일정한 속도를 가진 리듬이다.

3. 풀스윙

암리프트 스윙에서 디테일은 대부분 소화되어 백스윙탑은 그저 더 비틀 뿐이며, 피니시는 그저 더 돌아갈 뿐이다.

백스윙탑 상반신

암리프트는 양어깨를 뒤로 돌리는 한계점이며, 힌지와 코킹으로 궤도방향이 정해졌다. 이제 양팔과 그립의 변화는 없다. 남은 것은 오직 허리와 골반을 더 비틀 뿐이다. 피벗드릴을 생각하라. 지금까지 그립이 허리 궤도로 올랐으나 이제 그립은 멈추고 허리와 골반을 뒤로 돌리는 동작을 따라 뒤돌아 오른다. 따라서 궤도는 다소 급해진다. 붙어있던 오른쪽 겨드랑이가 최대한 뒤로 압축하려는 동작으로 뒤로 밀리듯 떨어진다. 이때 힌지된 왼손을 손등 쪽으로 꺾어 샤프트를 목에 붙이려는 동작을 하지 말아야 한다. 힌지는 그대로 유지한다.

구분 동작으로 하면 헤드가 뒤로 돌아가서 헤드가 수평이 되기 어렵지만, 연속 동작으로 백스윙탑을 하면 탄력을 받아 허리와 골반이 더 회전하므로 헤드가 반대로 넘어가며, 샤프트가 지면과 수평이 되어 머리 뒤로 오고, 오른손이 코킹 영향으로 쟁반 든 느낌이 온다. 거듭 말하지만 이렇게 양어깨가 백스윙 궤도를 주도하고, 마지막으로 허리와 골반을 더 비트는 것은 원심력을 극대화하기 위한 것으로 캠핑이나 팬션에서 장작을 패는 도끼질을 할 때 말하지 않아도 상체를 뒤로 젖히는 것과 같은 동작이다.

여기서 헤드 무게를 느낀 후 다운스윙을 하라는 의미는 헤드가 반대로 넘어가서 출렁하는 순간을 의미한다. 이것은 뛰어난 감각을 필요로 하는 어려운 주문이다. 오히려 허리와 골반까지 완전하게 비틀린 느낌을 확실히 느끼면, 더 이상 비틀리지 않는 한계를 느끼는 순간을 다운스윙 개시 점으로 하는 것이 쉽다. 백스윙탑에서 잠시 멈추라는 것도 같은 주문이다. 말하자면 내려갈 때 서둘러 되돌리면 리듬이 무너진다는 것으로 그만큼 힘의 집중력이 상실되며 실제로 임팩트 효과가 현저히 떨어진다.

이 상황에도 시선은 여전히 공을 바라보고 있어야 한다. 머리높이를 기억하고 척추각을 유지한다.

시각적으로 백스윙탑을 보며, 그때 몸으로 느끼는 압축의 한계를 기억할 수 있다. 즉 더 이상 허리와 골반을 비틀지 못하는 압축의 한계를 눈으로 확인할 수가 있다. 정면에 전신 혹은 상반신이 보이는 거울을 두고 백스윙탑을 했을 때, 오른쪽 어깨 뒤쪽 등 부분이 보이면 최대한 비틀어진 것이다.

백스윙탑 하반신

체중은 몸을 회전함으로써 저절로 오른발바닥에 완전히 실려 있다, 양어깨, 허리, 그리고 골반을 360도 방향으로 뒤로 돌리니 오른발 뒤꿈치에 체중이 몰리고, 오른쪽 무릎이 정면을 보며 비틀린다. 왼 무릎도 정면을 보지만 엄지 쪽으로 기울어지며 무릎이 오른쪽으로 약간 당겨진다. 어드레스 무릎 높이를 기억해야 한다.

상하반신 어디에도 딱히 힘을 주지는 않았다. 단지 스프링이 감기듯 뒤로 돌려 비틀었을 뿐이다.

부단한 연습으로, 골반까지 완벽하게 비틀린 상태를 몸이 기억해야 한다. 골프 스윙은 이론이나 머리로 안 된다. 한계까지 완벽하게 비틀리는 백스윙이, 습관처럼 몸이 기억해야 리드미컬하고 강한 임팩트가 보장된다. 백스윙탑의 헤드 무게를 느끼는 건, 스윙이 익숙해진 뒤에도 쉽지 않다. 다운스윙에서 몸통 회전에 클럽이 끌려 내려오는 것은 느껴지나, 다운스윙시점은 압축, 비틀림의 한계를 느끼는 것이 쉽다.

다운스윙

암리프트 다운스윙과 다를 점이 없다. 골반을 한 번에 반대쪽으로 돌린다. 소위 힙턴이라 해도 좋다. 다만 하반신을 왼발 쪽으로 밀면 안 된다. 그대로 골반을 돌린다. 우측무릎이 앞으로 튀어나오고, 뒤로 밀리듯 떨어진 겨드랑이가 다시 붙으며, 암리프트 스윙 1단계가 된다. 그 이하는 동일하다.

피니시

암리프트 다운스윙에서 대칭스윙을 연습했다. 임팩트 후 지나간 그 과정이 팔로우 스윙이다. 이제 대칭이 된 암리프트 스윙단계에서 먼저 돌아간 골반을 따라 허리와 양어깨가 돌아가며, 원심력을 유지하고 있는 클럽을 머리 뒤로 돌린다. 가급적 머리를 들지 말고 척추각을 유지한 채 스윙 결과로 날아가는 공을 추적한다. 그것이 스윙 자세를 더 좋게 하고 피니시 자세를 멋지게 연출한다. 그립을 최대한 유지하려는 노력이 정확한 임팩트를 만든다.

오른발은 앞꿈치로 균형을 잡은 채 오른쪽 무릎은 돌아서 완전하게 왼쪽을 바라본다. 왼발바닥은 바닥에 달라붙은 듯 꺾이듯 반듯하게 정면을 본다. 무리가 오면 미리 앞을 약간 틀어두어도 된다. 피니시 자세의 균형이 스윙을 검증한다. 궤도와 스윙 동작이 반듯해야 이런 피니시 자세가 만들어진다. 어딘가 부족한 스윙은 팔로우에서 이미 균형을 잃고 피니시 자세가 나올 수 없다.

이상으로 암리프트 대칭스윙을 참조하고 풀스윙을 마친다.

지면 반발력을 간단히 설명한다. 혼돈을 우려 설명할 뿐이다. 백스윙 과정 중 오른쪽 무릎을 더 낮추며 다운스윙을 하고, 임팩트 직전 힌지와 코킹을 푸는 순간 오른발바닥에 힘주어 바닥을 박차고 일어서며 임팩트하는 것이다. 스윙도 화려하고, 비거리에 효과가 있으나, 부단한 연습이 필요할 것이다. 지금은 오직 몸통 회전으로 정석적인 스윙에 집중하면 된다. 성적은 비거리보다 어프로치나 퍼터가 좌우한다. 물론 정확한 장타는 타수 줄이는 데 큰 도움이 된다.

소위 "배치기"는 나쁜 스윙이다. 왼편에 벽을 둔 것처럼 임팩트된 후는, 골반 회전을 따라 몸통이 회전하며 팔로우 그리고 피니시를 해야 하나, 느낌상 급브레이크로 관성을 더 키우는 것처럼 골반 회전을 멈추고 앞과 옆으로 내밀어 급정지하며 임팩트하는 것이다. 팔로 치는 골프를 오래 한 후 몸통 스윙을 익히는 과정에서 잘못된 것이다. 개인적인 느낌은 관성을 극대화하는 착각도 일고, 우연히 잘 맞을 수도 있으나, 더 발전하지 못하는 스윙이다. 배치기가 습관이 되면 10년을 쳐도 핸디가 줄지 않고, 나이가 들면 오히려 핸디가 늘어난다.

연습하던 클럽을 사용하여 풀스윙으로 공을 맞혀본 후, 자신감이 들면 웨지 이하를 제외한 전 클럽 드라이버, 우드, 유틸리티, 그리고 아이언 세트 모두로 골고루 연습한다. 익숙해질 때까지 천천히 스윙을 하지만 리듬을 유지해야 하며, 스윙속도가 중간에 변하면 안 된다.

🔢 3주 차 어프로치샷 & 벙커샷

지금까지 배운 풀스윙을 웨지와 퍼터를 제외한 모든 클럽으로 지속해서 연습하며, 새로운 진도를 나가야 한다. 타깃 천이라 해도, 클럽별로 맞는 높이 등의 차이를 느낄 것이다.

필드의 호쾌한 티샷은 골프로 느끼는 최고의 매력이다. 아울러 페어웨이에서 날린 우드샷이 170m를 날아가 온그린 되면, 비할 바 없는 성취감을 느끼게 된다. 앞에서 배운 대로 성실히 연습하고, 스윙리듬을 익히게 되면, 어렵지 않게 경험하게 된다.

그러나 필드에서 가장 소외감과 스트레스를 받을 수 있고, 핸디캡을 좌우하는 샷은 어프로치다. 퍼팅의 경우, 유사한 동작을 할 수가 있고, 컨시드라는 홀아웃을 위한 배려가 있지만, 그린 위에 공을 올리기까지는 그 누구도 도와줄 수 없는, 자신과의 싸움이다. 풀스윙이 익숙해진 경우 어프로치 연습량을 대폭 늘려야 하고, 원리를 이해하면 한두 번의 연속된 필드 경험으로 일취월장 할수 있는 것이 어프로치샷이다.

어프로치샷이 서툴면, 혼자 그린 주변에서 왔다 갔다 땀을 뻘뻘 흘릴 수밖에 없다. 샷은 어차피 도와줄 수도 없지만, 이미 그린 위에 공을 올린 골퍼들은, 클럽을 바꾸고, 공을 닦고, 퍼팅 라인을 살피며 본인 경기에 집중할 수밖에 없고, 보조하는 캐디 역시 퍼터등 클럽을 교환해주고, 공을 닦으며 퍼팅 라인을 읽어주는 가장 바쁜 시간이기에, 그린에서 거꾸로 내려와 연신 미스샷을 연발하는 비기너에 관심 주기 어렵다.

그저 비기너의 수차례 어프로치를 일일이 기록할 수는 없어 스코어를 배려할 뿐이다. 소외감과 자신에 대한 무능을 탓하며, 코앞에 그린을 두고, 샌드벙커 탈출을 못 하거나, 엣지로 공옆을 때려 그린을 반대쪽으로 넘어가거나, 언덕을 넘기는 샷을 못해서 전전긍긍하며 저절로 욕이 나오는 순간이다. 간신히 온그린 시킨 후 퍼팅이라도 할라치면, 뒤 팀이 밀리니, 퍼터를 잡지도 못하고 온그린으로 "컨시드"를 받고 홀아웃이 된다. 희롱 받는 느낌이지만 본인 탓이니 자책감만 커진다.

그러나 기본 원리를 이해하고 충실하게 연습을 하면, 스크린 게임은 짧은 시간에, 필드도 경

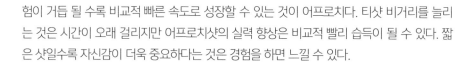

험이 거듭 될 수록 비교적 빠른 속도로 성장할 수 있는 것이 어프로치다. 티샷 비거리를 늘리는 것은 시간이 오래 걸리지만 어프로치샷의 실력 향상은 비교적 빨리 습득이 될 수 있다. 짧은 샷일수록 자신감이 더욱 중요하다는 것은 경험을 하면 느낄 수 있다.

어프로치샷의 가장 큰 미스는, 공을 엣지로 공 밑을 파고드는 탓이다. 매트연습에서는 미끄럽게 클럽이 빠져나가며 비슷한 샷이 된다. 그러나 마사토와 진흙이 섞인 필드에서는 엣지가 그대로 잔디에 박히며 임팩트가 제대로 안 되거나, 엣지가 바닥에 꽂히지 않고 퉁겨지면, 페이스 면이 아닌 엣지로 공 옆을 때려 총알 같은 속도로 그린 반대쪽으로 넘어간다. 그린이 약간 더 높은 경사면일수록 어프로치는 점점 더 어려워진다. 보기에 안쓰러우면 퍼팅을 마친 동료가 내려와 공을 집어 그린 위로 공을 던져주기까지 한다. 유일한 탈출구로 보이기 때문이다. 어쨌든 같이 18홀을 마치기는 해야 하기 때문이다.

그러나 어프로치는 논리를 이해하고, 자신감이 붙기 시작하면 의외로 쉽다. 미스샷이라 해도, 약간 거리 차가 날 뿐이라는 자신감이 붙어야 한다. 클럽은 56도 이상을 사용한다. 어프로치 샷은 50m 이내의 거리다. 그 이상이 되면 50도 웨지로 스윙 속도를 조절하여, 콘트롤샷을 하거나(콘트롤 샷도 팔로 치면 안 된다. 3m 어프로치도 겨드랑이를 붙이고 몸으로 스윙을 한다), 56도 웨지로 풀스윙을 해야 한다. 필자는 어프로치와 벙커샷 모두를 56도만 사용한다.

웨지는 로프트각은 가장 크고, 헤드페이스도 넓고 크며, 샤프트는 가장 짧다. 처음부터 열린 헤드페이스로 공 밑을 파고들어, 페이스를 대각선으로 타며 공을 높이 띄움과 동시, 그루브를 타며 백스핀을 먹게 되면, 떨어진 후 거꾸로 구를 수도 있다. 샤프트가 짧은 것은 원심력을 줄여 짧은 거리를 정확히 보내기 위함이다.

웨지로 어프로치가 아닌 풀스윙을 한다면, 당연하게 공을 가장 우측에 두어도 로프트각이 크니, 샤프트가 왼쪽으로 많이 휘어 역시 다른 클럽과 동일하게 왼쪽 허벅지 안쪽에 그립이 위치한다. 그래서 풀스윙은 모든 클럽이 같다.

1. 어프로치 클럽의 이해

기본적인 것은 위 웨지 클럽에서 설명이 되었다. 56도 웨지 등 어프로치 클럽의 가장 중요한 역할을 하는 부분은 바운스다. 바운스 부위는 엣지와 솔의 중간 부분으로, 56도 웨지는 폭이 1cm 정도로 넓다. 넓고 경사가 져서 긴 풀이나 모래 등을 미끄럽게 스치기에 적합하다.

56도 웨지의 바운스를 모를 때, 어프로치에서 공을 띄우려 헤드를 연다고, 엣지로 공밑을 파고들 때 나타나는 현상이다.

- 공 밑 잔디에 엣지가 박혀버린다. 공은 움직이지 않거나 짧게 구른다.
- 엣지가 단단한 바닥에 퉁기면서 튀어 올라 공 옆을 때린다. 눈 깜짝할 사이에 그린 반대 편으로 넘어가고, 원래보다 더 멀어진다.
- 라이 상태가 까다로우면, 어드레스 자세가 불안정해, 팔로 치면 원심력까지 더해져서 쉽 게 그린의 반대쪽에 떨어진다.

날을 세우듯 엣지로 공 밑을 파고드는 것이 아니고, 편하게 바운스가 바닥을 스치게 임팩트 되면, 바운스는 미끄러지며 공 밑을 빠져나가고, 공은 페이스면에 임팩트된다. 연습장 매트나 스크린 골프에서는 엣지로 공 밑을 파고들어도, 미끄러우니 어프로치샷이 되나 필드에서는

전혀 다른 샷이 나온다.

아울러 임팩트 순간까지 헤드가 바닥에 닿으면 안 되는 어프로치도 있다. 런닝어프로치는 바운스를 이용하지 않고 퍼팅과 같은 효과를 노린다. 이것을 바운스로 바닥을 쓸 듯이 하는 경우 라이의 불균형으로 미스샷이 될 확률이 높다.

2. 어프로치샷의 기본

어프로치가 실전경험이 많아야 하는 이유는, 그린 주변이 다양한 라이를 보이고, 홀 코앞에서 짧은 거리를 실수하지 않으려는 강박관념이, 불안정한 스윙을 하게 되며, 그린의 경사도까지 감안하여 공을 떨어뜨리려면, 스윙이 익숙해진 후에도, 상당한 판단력이 필요하기 때문이다. 의외로 홀 주변은 경사도 많고 러프도 다양하다. 아울러 비기너의 어프로치는 경사도 등을 감안, 착지 포인트를 찾지 못하고, 홀만 바라보니 거리 조절에 늘 실패한다.

모든 골프 스윙은 자신감이 결여되는 순간, 원하는 스윙이 될 수 없다. 서둘러도 안 되나, 자신감이 결여로 백스윙이 제대로 안 되면 원하는 샷이 나올 수 없다. 역시 같은 속도로 하나둘의 리듬감은 어프로치도 예외가 아니며, 아무리 짧은 어프로치도 어깨로 스윙을 해야지 팔만 움직이면 원심력이 발생한다.

홀컵이 목전임에 m 단위 거리까지 계산하며, 초조해지면 샷이 잘 될 수가 없다. 몇 가지 어프로치 유형을 익힌 후 실전이 쌓이면, 56도 웨지를 수저 다루듯 어떠한 라이에서도 자신감이 생겨 핸디가 줄어든다. 그래서 100일내 보기골퍼 마지막 과정은 연속4주 4번의 필드 경험을 필수로 넣은 것이다. 연속성이 없는 필드 경험은 실력 향상에 전혀 도움이 되지 못한다.

어프로치가 익숙해지면 1m도 가볍게 굴릴 수 있게 되는데, 1m 칩샷도 어깨로 스윙을 해야 한다. 30센티 퍼팅조차 어깨로 해야 한다. 짧은 거리조차 팔로하게 되면 샷마다 거리가 다르고, 헤드에 원심력이 커져서 거리 조절이 될 수도 없다.

왼발을 여는 것은 체중 이동을 미리 하기 위함이다. 왼발을 열고, 어드레스때 체중을 왼발에 더 싣는다. 체중을 실은 파워보다 스윙의 정확성을 염두에 두고, 임팩트하기 좋은 자세가 된다.

아울러 헤드를 오픈하는 것은 로프트각을 더 강조하여, 헤드 면을 더 낮게 공을 더 높이 띄우려는 시도다. 아울러, 임펙트 순간, 공을 헤드의 힐 부위에서 토우 상단 쪽으로 대각선을 타게 하면, 더 쉽게 높이 띄워 올릴 수 있다. 바운스가 공 밑바닥을 스치고, 헤드가 열려 공이 맞으면, 과감한 샷에도 예측을 크게 벗어나는 실수는 없으니, 점차 자신감이 붙게 된다.

공의 위치도 중요하다. 공을 띄우기 위한 어프로치는 중앙이나 중앙보다 왼쪽에 공을 둔다. 바운스가 바닥을 스치며, 공 밑을 빠져나갈 때 임팩트된다. 퍼팅처럼 공을 굴릴 때는, 공을 오른쪽에 두어, 헤드를 닫고 공 옆을 가볍게 터치한다. 이때는 헤드가 바닥을 스치면 안 된다. 어프로치에서 띄우는 샷과 굴리는 샷은 확실하게 동작과 자세가 구분된다. 공통점이라면 어깨 회전과 리듬이다.

어프로치 스윙 역시 서둘면 안 된다. 연습장에서 일시에 많은 공을 짧게 쳐서 워밍업을 하는 것은 아주 안 좋은 습관이다. 골프장, 건강, 그리고 골프실력 향상 모두 역행하는 어리석은 행위이다. 스윙 전에는 스트레칭을 해야지 그렇게 공을 치면 몸에 열이 오를 뿐, 골프에 필요한 신체 부위가 준비되도록 하는 데 도움이 안 된다. 아울러, 그렇게 팔로 빨리 때리는 어프로치는 없다. 골프에 없는 동작이다. 일정한 리듬감으로, 어깨로 백스윙크기로 거리를 조절하며, 하나 둘의 리듬감으로 어프로치를 해야 한다. 그런 빠른 워밍업은 나쁜 습관만 길들일 뿐이다.

3. 어프로치샷 종류

1) 칩샷(Chip Shot)
런닝어프로치이며, 공을 굴리는 어프로치샷이다. 라이가 평탄하고 경사도 적으며, 장애물이 없고 에이프런 등 그린 주변에서, 홀과 20m 내외 거리일 때 직접 홀인을 노리고 하는 샷이다. 에이밍이 정확하면 퍼팅과 동일한 효과를 낸다. 홀의 퍼팅 라인이나 그린의 경사 등을 읽고 적당한 어깨 회전이 관건일 뿐이다.

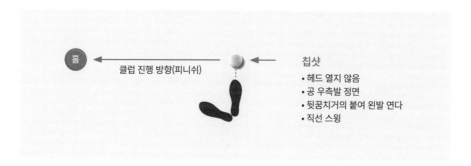

칩샷
• 헤드 열지 않음
• 공 우측발 정면
• 뒷꿈치거의 붙여 왼발 연다
• 직선 스윙

클럽 진행 방향(피니쉬)

홀

클럽은 56도 웨지, 피치웨지 등을 쓴다.

① 왼발을 열고 체중도 왼발에 더 싣는다. 짧은 스윙이
원활해지고, 오직 어깨 회전만으로 정확한 샷을 위
해, 체중 이동을 미리 해서 파워를 줄이는 것이다. 왼
발을 연다는 것은 모두 같은 효과를 기대하는 어프로
치 셋업 자세다. 양쪽 겨드랑이를 붙인다.

② 스탠스는 왼발이 열린 상태로, 뒤꿈치가 붙을 정도로
좁게 선다. 왼발은 열지만 오른발은 목표와 수직으로
정면을 본다.

③ 볼은 정면을 보는 오른발 앞에 둔다. 그렇게 두어야
로프트각이 큰 클럽의 페이스면이 수직으로 서서 퍼
팅처럼 공이 터치된다.

④ 헤드를 열지 않는다. 그립을 내려 짧게 쥐고, 샤프트
가 위치한 그대로 왼쪽 허벅지 안쪽에서 그립을 쥔
다. 페이스가 수직에 가깝다.

⑤ 그립을 내려 짧게 쥐고, 퍼팅과 똑같이, 손목을 전혀 쓰지 않고, 어깨로만 스윙한다.

⑥ 스윙은 천천히 백스윙 다운스윙이 같은 속도다.

⑦ 왼발이 오픈되고 체중이 실려지만 에이밍을 홀컵과 양어깨라인에 일치시키면, 홀인이 될 확률
이 높다.

⑧ 손목을 쓰지 않고, 짧은 어깨스윙 폭으로 백스윙을 홀컵과 직선으로 하여 가볍게 임팩트 후, 헤

드가 멈춘다. 다른 어프로치처럼 공 밑을 빠져나가는 샷이 아니다. 퍼터처럼 스윙폭으로 거리에 맞는 샷을 한다.

※ 공을 우측에 두니, 헤드를 수직으로 세워 밀 듯 터치하는 관계로 엣지가 바닥에 닿게 어드레스 될 수 있으나, 스윙과정에서 엣지가 바닥에 닿으면 안 된다. 손목을 쓰지 않고 양어깨로 가볍게 회전하는 만큼 원심력이 없는 런닝어프로치의 스윙 강도는 퍼터 수준으로 약하기 때문에 엣지가 바닥을 긁는 순간 잔디나 바닥에 걸리면 미스샷이 된다. 미세하게 엣지가 바닥에서 들려 임팩트되는 순간 스윙이 정지되는 샷이다. 딱 끊어 정지하라는 뜻이 아니고, 공 밑을 지나가듯 피니시를 하면 안 된다는 의미다.

물론 스크린 게임에서는 상관이 없다. 매트가 탄력과 미끄러움으로 그런 미스샷이 발생하지 않는다.

2) 피치샷(Pitch Shot)
가장 일반적인 어프로치다. 30m 내외 거리를 공을 띄워 덜 구르게 하며 중간의 러프나 높지 않은 장애물을 피해 홀에 붙이는 샷이다.

헤드를 열고, 바운스가 바닥을 스치며 공 밑을 빠져나가듯, 임팩트한다. 헤드를 열면 헤드페이스가 더 눕는 효과로 로프트각을 더 크게 한다는 의미가 있다. 공은 더 뜨고, 착지점에서 많이 구르지 않으며, 거리가 있어 임팩트 강도가 크면, 공이 그루브를 타서 백스핀으로 거꾸로 구를 수도 있다.

거리가 멀수록 헤드를 적게 오픈해야 한다. 오픈할수록 거리보다 높이 뜨는 샷이 되기 때문이

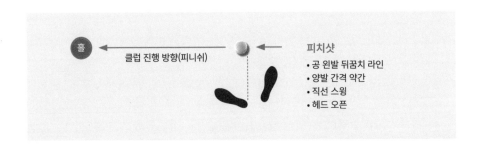

다. 중요한 것은 양어깨와 홀컵이 나란해야 하며, 겨드랑이를 붙여 어깨로만 스윙을 해야 한다, 역시 손목을 쓰지 않고 헤드를 연 상태의 그립 그대로 홀컵과 직선으로 양어깨만으로 스윙을 한다. 체중 이동과 뒤로 돌고, 앞으로 도는 파워 싣는 샷이 아니다.

클럽은 56도에서 60도 등 샌드웨지를 쓴다.

① 왼발을 열고 체중을 미리 옮긴다. 체중은 6:4 등 비율
보다, 정확하고 가볍게 터치되는 느낌이면 된다. 피
치샷은 그린 주변의 경사면 등 라이 상태에 따라 어
깨높이를 그것에 일치시킨다.

② 칩샷 대비, 약간 넓은 스탠스, 공은 왼발 뒤꿈치 라인
에 둔다.

③ 칩샷을 제외한 어프로치샷의 핵심은 바운스. 공 밑
을 파고든다고 엣지를 쓰면 클럽이 바닥에 퉁기며 공
옆을 때려 그린 반대쪽으로 훌쩍 넘어가버린다. 헤드
를 열고, 바운스로 잔디를 미끄러지듯이 공 밑을 임
팩트한다.

④ 왼발과 헤드를 동시에 열어, 에이밍이 잘못될 우려가
있으나 양어깨를 홀과 일치시키고, 겨드랑이를 붙인
채, 어깨로만 백스윙과 다운스윙을 한다. 왼발을 오픈하고 헤드를 연다고, 왼쪽 대각선 방향으
로 스윙을 하면 안 된다.

⑤ 그립을 내려 짧게 쥐고 충분히 무릎을 낮춘 후 손목을 쓰지 않고 헤드를 오픈하여 잡힌 그립 그
대로를 유지하며, 홀과 일직선으로 백스윙을 하고 일직선으로 피니시를 한다. 일반 스윙처럼
뒤로 돌아가는 샷이 아니다. 체중 이동이나 원심력을 억제해야 한다.

⑥ 헤드를 오픈하는 정도는 그린 주변에서 홀컵과의 거리로 판단한다. 이것은 부득이 본인의 경험
칙에 의존할 수밖에 없다. 거리가 멀수록 헤드를 더 닫아야 한다. 예로 약 70m 거리라면 56도
웨지로 일반적인 풀스윙을 해도 되는 거리다.

⑦ 피치샷의 핵심은 공을 오픈한 왼발 뒤꿈치 라인에 두고, 그립을 내려 짧게 쥐고(이렇게 체중 이
동을 미리 하고, 짧게 쥐는 것은 체중 이동과 원심력을 최소화하기 위함이다.) 헤드를 오픈하기
위해 취해진 그립그대로 변함없이 홀컵과 일직선으로 백스윙한 후 홀컵 쪽으로 반듯하게 바운

스로 바닥을 스치게 공 밑을 빠져나오는 것이다.

3) 범프&런 샷(Bump & Run Shot)

아마추어가 평생 이 샷을 쓸 일이 있을까 싶지만, 어프로치의 한 종류니 설명하자면, 그린이 툭 튀어나오듯 1m 내외로 솟아 있어 짧은 언덕이 보이고, 앞 핀일 때, 즉 어프로치샷을 하면 홀컵을 훨씬 지날 가능성이 있을 때 공을 경사진 언덕에 강하게 맞혀 속도를 줄이고, 맞은 공이 바운스 되며 그린을 짧게 굴러 홀컵에 붙이는 샷이다.

피치웨지나 50도 웨지를 사용한다.

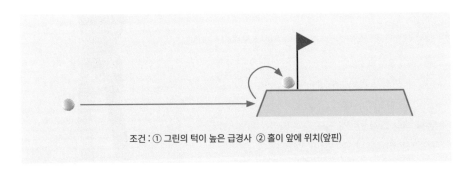

조건 : ① 그린의 턱이 높은 급경사 ② 홀이 앞에 위치(앞핀)

칩샷처럼 공을 우측에 두고, 페이스면을 수직에 가깝게 세워, 언덕을 맞고 위로 퉁기도록 비교적 강하게 임팩트한다. 손목을 쓰지 않는다. 엣지가 바닥을 긁지 않도록 주의한다. 연습할 장소도 없고, 유사한 그린을 만나도, 공이 언덕에 부딪혀 불규칙 바운드가 되거나, 긴 풀의 쿠션으로 퉁기지 못하면 미스샷이 될 것이다. 필자도 한 번도 구사한 적은 없다.

4) 플롭샷(Flop Shot)

보기골퍼가 구사하기 대단히 어려운 샷이다. 공이 긴 러프에 빠져있고, 바로 앞에 수직처럼 비교적 높은 장애물이 있을 때 공을 거의 수직으로 띄워 올려 장애물 위로 올리는 샷이다. 따라서 올린 후 홀컵에 붙이기 위한 샷을 또 해야 하는, 고전하는 홀이 될 것이며, 티샷이나 세컨샷이 이런 위치에 떨어지지 않도록 하는 것이 우선이다.

공을 최대한 띄우려면, 로프트각도가 최대가 되어야 하니, 헤드를 완전하게 연다. 이렇게 되면 그립이 몸의 중앙에서 잡힌다. 그 상태로 크게 U자를 그리듯 백스윙을 한 후 퍼 올리듯 공 밑을 스치며 임팩트한다. 대개 러프 지역임에 초보자는 긴 풀에 떠있는 공을 맞히지도 못하고 미스샷을 할 가능성이 크다.

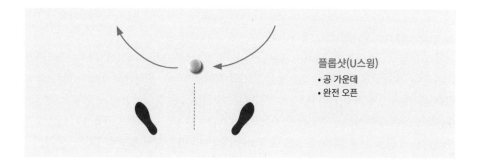

플롭샷(U스윙)
• 공 가운데
• 완전 오픈

60도 등 샌드웨지를 사용한다.

① 로프트각이 가장 큰 웨지로, 페이스가 하늘을 향하게 최대한 눕힌다.

② 정상 그립으로 샤프트를 길게 쓴다. 원심력이 필요할 만큼 라이 상태를 극복할 강도가 필요하기 때문이다.

③ 헤드를 완전히 열어, 그립은 중앙에 가깝다. 장애에 놓인 공을 중앙에 두고 선다.

④ 체중은 양발이 균등하되, 자세는 무릎을 구부려 최대한 낮추고 앉듯이 체중이 뒤꿈치로 쏠린다.

⑤ 스탠스는 넓게 서고, 양발 끝을 약간 바깥쪽으로 벌리는 것이 스윙이 편하다. 양발을 모두 바깥으로 오픈한다고 생각하면 된다. 힌지와 코킹으로 공 밑을 스치며 U자 스윙을 하고, 겨드랑이를 붙이되 클럽 무게로 내려오듯, 슬라이스성 팔로우를 한다. 스윙 전 과정에 클럽이 몸 앞에 있다.

⑥ 쉽게 말해서 헤드를 완전히 눕힌 클럽을 길게 잡고, 러프에 있는 공을 가운데 두고 U자로, 강도 있는 임팩트로 긴 러프 등 곤경에 처한 상황의 공을 퍼 올리는 샷이다.

주말골퍼들이 찾는 골프장에서 플롭샷을 쓸 기회는 없을 것이다. 역시 필자도 이 샷을 할줄 모른다. 연습은 가능하겠지만 용처가 없기 때문이다. 그러나 다음의 로브샷은 깊은 벙커를 탈출하기 위해 반드시 익숙해져야 한다.

5) 로브샷(Lob Shot)

한국 골프장도 그린 사이드 벙커는 깊은 곳이 많아, 로브샷은 반드시 연습하여 내 것을 만들어야 한다. 로브샷을 구사하는 것은 깊은 벙커의 경사면이 주는 위압감에 비해 어렵지 않다. 로브샷은 벙커 탈출과 비거리 확보, 두 마리 토끼를 잡는 것은 불가능하다. 탈출이 목적이다. 무릎을 충분히 구부려서, 긴장감으로 공을 먼저 때리는 일이 없도록 해야 한다. V자 스윙으로 모래와 함께 공을 퍼 올린다는 느낌으로 임하면 생각보다 공을 쉽게 올릴 수 있다.

스윙각이 V자임에 힌지와 코킹이 필요하다. 다리를 넓게 벌리고, 왼발에 체중을 더 싣는다. 양발을 더 넓게 벌렸으니 왼발 뒤꿈치 라인에 두는 공은 훨씬 더 왼편에 위치한다. 무릎을 많이 구부려 마음껏 헤드로 모래를 퍼 올릴 수 있도록 한다.

로브샷(V스윙)
- 공 왼발 뒤꿈치 라인
- 양발 간격 넓고 무릎 많이 숙임
- 대각선 스윙
- 헤드 많이 오픈

56도 이상 샌드웨지를 쓴다.

① 스탠스를 넓게 하고 왼발은 열고 무릎을 기마자세 수준으로 구부려 자세를 낮춘다.

② 공은 왼발 뒤꿈치 라인이다. 높이 띄울수록 공은 왼쪽이다.

③ V 자로 퍼 올리는 샷이며, 넓은 스탠스에 공이 왼쪽에 있으니 핸드퍼스트가 될 수 없고 헤드로 모래를 퍼 올리는 느낌으로 공만큼 뒤를 파고, 들어 올린다.

④ 퍼 올린 자세 그대로, 피니시를 유지한다. 의식적으로 헤드페이스 앞부분으로 모래를 퍼 올린다는 생각을 하는 것이 맞다. 공은 그 모래 위에 얹혀 있을 뿐이다

⑤ 스윙방향은 우측에서 좌측으로 약간 대각선을 그은 것처럼 V자로 내려와 공 뒤쪽 모래를 공과 함께 퍼 올리며, 골반회전을 하여 헤드가 좌측으로 상승하는 V자를 그려야 한다. 피치샷은 클럽을 열고 왼발도 오픈해서 체중이동을 미리 한 후에도, 스윙방향은 백스윙과 피니쉬를 목표와 일직선이 되게 반듯하게 해야 하지만, 로브샷은 우측에서 좌측으로 대각선을 긋듯이 V자 팔로우를 해야 한다.

이상 어프로치 유형을 살펴보았고, 어프로치의 관건은, 본인의 클럽을 자유자재로 다룰 수 있을 만큼 실전 감각이 중요하다. 매트 위 연습만으로 안 되는 필드의 라이 상태에 따른 응용과 자세가 필요하다.

머리를 올리거나 필드 경험이 적을 때도 모든 어프로치샷을, 최소한 바운스가 바닥을 스치며 빠져나가는 샷만 제대로 구사하면, 공이 적절히 뜨기에, 그린을 넘어 반대쪽에서 다시 어프로치 할 일은 없다. 그것을 믿고, 자신 있는 스윙을 하면 된다.

세컨샷이나 써드샷은 홀컵과의 거리를 줄이기 위해 적정한 거리를 날려 보내면 되나, 어프로치는 홀컵에 붙인다는 부담으로 긴장이 배가 된다. 그러나 샤프트를 짧게 잡고, 왼발을 오픈하는 만큼, 어프로치샷은 무릎 높이를 많이 낮추고, 피치샷은 바운스가 바닥을 스치게 임팩트 하며 거리 조절은 헤드 오픈정도, 칩샷은 엣지가 바닥에 닿지 않게 퍼팅하듯 하며 스윙 폭으로 거리 조절을 하면 된다.

어쨌든 그린 주변에서의 어프로치는 부단한 실전경험 외 달리 방법이 없다. 스크린 게임, 즉 매트 위의 어프로치는 이론만 정확히 알면 적절히 어프로치샷을 구사할 수 있지만 필드는 라이 상태가 천차만별임에 논리적 이해만으로는 잘 칠 수 없다.

특히 비기너들의 어프로치샷은 홀컵을 바라보는 경향이 많다. 그러나 어프로치샷을 떨구는 지점은, 그린의 경사도와 라이 상태를 반드시 참조해서 공이 굴러갈 수 있는 거리를 감안해야 한다. 아이언에 맞은 공은 그린 직전에 떨어져도 굴러 온그린 될 수 있으나, 피치샷으로 날린 공은 역스핀과 공을 띄운 탓에그린에 못 미쳐 잔디에 맞으면 급한 내리막이 아닌 경우 온그린에 실패할 수가 있다. 공을 엣지로 때리지 않는 한 어프로치는 과감하고 자신감 있는 리듬 스윙을 구사하면 빠른 발전이 있을 것이다.

4. 벙커샷

벙커샷은 벙커 위치, 그리고 벙커 내 공의 위치에 따라 어떤 유형의 샷을 결정할지가 관건일 뿐, 어프로치 혹은 일반적인 스윙과 크게 다르지 않다.

벙커 위에서 셋업 시 헤드가 모래에 닿으면, 치기 좋게 모래를 조성할 수 있다는 근거로 벌 타였으나, 단순히 닿은 정도는 인정을 해주는 것으로 개정이 되었다. 그러나 닿지 않게 하는 것이 상대를 편하게 해줄 것이다.

그린과 거리가 있는 페어웨이 벙커는, 깊지 않으면 거리에 맞는 클럽으로 샷을 하면 된다. 그러나 페어웨이 벙커도 다양한 변수가 있을 수 있다. 벙커 턱 바로 아래에 있다거나, 어드레스에 곤란한 위치에 공이 있을 수도 있다. 이런 경우는 탈출에 목적을 두고 큰 욕심을 버려야 한다. 벙커 중앙위치 모래 위에 가볍게 올려진 경우, 가장 자신 있는 클럽을 선택하면 잔디 위샷과 큰 차이가 없다.

그린사이드 벙커도 다양한 환경일 수 있으나 결과적으로 가장 적합한 어프로치샷을 해주면 된다. 단지 공을 직접 임팩트하기보다 모래를 퍼 올린다는 생각으로 자세를 많이 낮추면 된다.

양발로 모래를 파며 모래 속으로 들어갈 듯이 하는 골퍼도 있으나 자세만 안정되면 된다. 벙커로 들어가기 전, 모래 정리할 갈퀴를, 나올 위치로 옮겨두고 가면 경기 진행이 신속해진다. 본인의 발자국은 본인이 정리해야 한다.

벙커샷은 어프로치와 유사하고, 어렵지 않다. 역시 자신감이다. 리듬 있는 스윙으로 바운스로 모래를 쳐서 퍼 올리면, 생각보다 공은 원하는 곳에 착지된다.

끝으로 간단하게 벙커의 종류를 상식으로 알아두자.

- **포트벙커**(Pot Bunker)란 항아리처럼 깊은 벙커를 말한다.
- **가드벙커**(Guard Bunker)란 페이스벙커라 하며 그린 주변에 있어 온그린에 장애를 주는 벙커다.
- **클러스터벙커**(Cluster Bunker)란 단어처럼 벙커가 군집을 이루어 탈출한다는 것이 옆 벙커로 들어가기가 다반사인 경우다.
- **세이빙벙커**(Saving Bunker)란 해저드나 OB가 날 수 있는 방향에 위치하고, 절벽 등 공이 분실될 우려가 있는 곳에 위치한 벙커다.

15 4주 차 퍼팅

몸이 기억해야 하는 골프 동작은, 기본 논리를 이해했다면 끝없는 드릴의 연속이다. 4주 차라면, 하나씩 진도를 나가면서, 병행하여 클럽 전체를 사용하여 스윙을 해보며, 오른쪽 허리 상단이 아플 만큼 근육이 형성되는 단계다. 한번 해보고 다시 진도만 나간다면 골프는 영원한 숙제일 수밖에 없다. 이제 유튜브 등 매체를 보면 이해하지 못하는 것은 없을 것이다.

홀컵의 지름은 108mm다. 에버리지가 더블보기수준이면 핸디가 36이고 108타다. 기본적인 스윙을 먼저 가르치지 않고, 똑딱이부터 시작해서 팔을 휘둘러 공을 때리게 하는 어설픈 강사를 만나면, 골프는 백팔번뇌에 빠지게 된다. 참고로 핸디는 남성은 28 백돌이, 여성은 36으로 제한한다. 더 많은 핸디캡은 의미가 없기 때문이다.

1. 퍼터

다른 클럽과 달리 퍼터는 다양한 모양을 하고 있다. 퍼터 역시 신장 등 체형에 따라 샤프트길이를 맞게 골라야 한다. 비기너는 대개 물려받은 퍼터에 적응하는 것이 일반적이나, 구매 등 직접 초이스할 기회가 있다면, 적어도 퍼터만큼은, 매장이나 전문가의 조언보다 마음에 와닿는 것으로 선택해야 한다.

퍼터는 중고나 새것조차 차이가 없다. 퍼터는 자세를 잡았을 때 자기 느낌이 좋아야 한다. 물론 그립감은 아니고 헤드 모양에서 전해지는 느낌을 말한다. 그립은 새것도 대부분 듬직한 것으로 바꾼다. 그립이 두툼하지 않으면 안정되지 않고 클럽이 흔들리는 느낌이 들기 때문이다.

퍼터는 본인의 감이 가장 중요하다. 퍼팅 자체가 논리보다 감으로 하는 샷이다. 헤드 모양에서 무언가 공을 터치하여, 내 혼이 전달될 듯한 느낌을 받는 퍼터가 좋은 퍼터다. 퍼터를 쥐는 양손의 위치나 방법도, 논리보다 기본적인 퍼팅을 익힌 후, 내가 가장 편하고 감각적인 그립을 쥐면 된다. 퍼팅 시 민감한 감각을 위해 장갑을 벗지만, 벗지 않는 골퍼도 있듯이, 퍼팅은 독자적인 영역이라고 할 수 있다. 그러나 이 역시 팔로 치면 거리 조절도 불가능해진다.

골프클럽은 재료나 모양이 계속 진보하지만, 드라이버 우드 유틸리티, 그리고 아이언과 웨지 등은 기본 틀을 유지하고 있다. 그러나 퍼터는 그립, 샤프트, 그리고 헤드가, 원래부터 각양각색으로 다양한 모양을 가진 도구였다. 그러나 결국은 기본적인 자세와 본인의 감이 더 중요하다. 퍼터를 바꾼다고 퍼팅이 좋아지는 것은 절대로 아니다. 퍼터의 가격이 홀인을 보장하지는 못한다.

퍼팅은 클럽에 충격을 주지 않으니, 자주 닦을 필요도 없어서 본인과 혼연일체가 되는 느낌이 드는 퍼터라면 평생을 함께할 수도 있다. 클럽 중 가장 쉽게 바꾸는 클럽이기도 하지만 유명한 프로들 중에는 입문 때부터 사용하던 오래된 퍼터를 큰 시합에서도 쓰는 경우가 있다.

다시 강조하지만 비기너라도 매장의 판매원이나 전문가 조언을 들을 필요 없는 것이 퍼터다. 조언이 틀리고 맞고의 문제가 아니다. 나와 맞는 느낌의 클럽을 스스로 선택해서 미련이 없어야 한다. 꼭 새것일 필요도 없다. 퍼팅에 자신이 없어도, 클럽이 마음에 들어오는 것을 택하는 것이 좋다. 가격대는 퍼팅 능력과 전혀 무관하다.

퍼터의 종류를 상식으로 다룬다. 장단점은 무의미하다. 장단점이 있을 수는 있으나 그것이 본인에게도 그러할지는 미지수다. 퍼터는 18홀 중 가장 많이 사용된다. 페어웨이나 그린 주변에서 홀인에 성공하지 않는 한, 18홀 내내, 한 번 이상은 쥐게 되어있다. 18홀 내내 한 번도 사용해 보지 못하는 클럽은 많다.

길이는 32~36인치가 보편적이며 대개 34인치 내외의 것을 선택한다. 퍼터 길이가 긴 것보다 짧은 것이, 더 낮은 자세로 자세히 라이 상태를 볼 수 있다는 말도 있지만, 퍼팅에 정답은 없어 보인다. 경험과 노력이다. 퍼터의 로프트각은 2~3도로 수직에 가깝다. 퍼팅 능력은 퍼터의 가격과는 전혀 무관하다. 다른 클럽도 마찬가지겠지만 퍼터는 특히 그러하다.

1) 블레이드형

헤드가 일자 모양의 퍼터다. 개인적으로 교감을 느끼기에는 가장 좋은 형태라고 생각한다. 블레이드형도 다양한 디자인이 있다. 시타를 할 수 있는 매장이라면, 모양과 샤프트와 헤드가 만나는 위치뿐 아니라, 공에 맞을 때 울리는 타음과 그립에 전해지는 느낌이 차이가 있다. 필자 생각에는 "단순한 모양의 퍼터가 오히려 더 교감을 느낄 수 있지 않을까?" 하는 생각일 뿐, 절대적으로 본인 취향이다.

2) 말렛형

말발굽처럼 생기고 페이스 뒤쪽에 다양한 라인이나 칼라 등이 있다. 정열과 직진성이 좋다고 한다. 큼직한 생김새가 안정감을 주는 탓인지 모르나, 여성 골퍼들이 선호한다. 이것 역시 다양한데, 매장의 권고는 참고일 뿐 본인 취향을 따르면 된다. 비기너일 때, 넓은 말렛형 퍼터 뒷부분에 퍼팅 라인과 일치시키도록 그어진 선들이 퍼팅에 유리했다면 앞으로도 그런 퍼터를 지속해서 써야 할 것이다.

3) 센터샤프트 퍼터

헤드 모양이 아니고, 샤프트가 헤드 중앙에 세워진 것이다. 어쩌면 수직으로 퍼터를 세워 공을 보며, 그대로 밀면 더 쉬워 보이기도 한다. 블레이드형 대부분의 퍼터는 헤드 뒤쪽에 샤프트가 연결된다.

4) 브룸스틱 퍼터

45인치 길다란 퍼터로, 왼손으로 위를 잡고, 오른손으로 하부를 잡아 기울이듯 공을 밀어 터치한다. 각자 검색해볼 일이다. 국내 프로경기에서 이것을 사용하는 선수를 중계에서는 보지 못했다. PGA도 과거보다 사용빈도가 줄어드는 현상이다. 벨리퍼터는 몸에 견착하는 부분이 있고 16년 앵커링룰(anchoring the club rule) 규정 관련 사용이 금지되었고, 본 퍼터도 몸에 닿으면 안 된다.

5) 암락퍼터

39인치로 왼쪽 팔꿈치에 견착 사용한다. 이런 퍼터가 있다는 것 정도로 참고하면 되고 이것은 견착 사용을 위해 로프트각이 7도다. 일반 퍼터는 2~3도로 수직에 가깝다.

6) 벨리퍼터

2016년부터 공식경기에서는 사용이 금지된 퍼터다. 왼손으로 그립 끝을 배 위 명치 아래에 고정시키고, 오른손으로 퍼터를 움직여 퍼팅한다. 몸에 의지하는 부분이 일반 퍼터보다 유리한지, 여부의 논란이 있으나 어쨌든 공식경기는 사용하지 않으며 필자도 본적이 없다.

이상 다양한 퍼터를 나열했지만 "나는 특별하다"라는 생각보다 홀인을 목적으로 한, 기능적인 선택을 하는 것이 현명하다고 본다. 사람마다 생각도 다르고, 사는 방식도 다르지만, 후회하는 인생을 사는 분들의 특징은, 타인의 시선을 의식한 선택에 치중하는 사람들이다. 독특한 면이 있으면 시선을 한번 줄 뿐, 그 이상도 이하도 아닌 가벼운 시선에 혼자 체면치레해가며, 허례허식에 인생을 낭비할 필요는 없다.

2. 퍼터그립

그립도 딱 표준이란 것은 없다. 일반적인 분류일 뿐이다. 필자도 오버래핑 그립이나 실제는 많은 차이가 있다. 누가 가르쳐준 적도 없다. 그저 프로선수들의 경기를 보며 비슷하게 쥐다 보니 손에 밴 것뿐이다. 다만 유형이란 하나의 논리이니 골프 지식 차원에서 간략히 기록한다. 다만 골프그립은, 원심력을 막고, 클럽을 꼼짝 못 하게 해야 하니 손바닥으로 쥔다.

퍼터그립은 원심력을 죽이고, 몸에 붙여 궤도를 그려야 스윙 크기로 거리를 조절할 수가 있어 손바닥으로 쥐고, 팔꿈치까지 양쪽 가슴에 단단히 붙여서 클럽을 꼼짝 못 하게 한다

밀어 굴리니 손목을 전혀 쓰지 않는다. 체중 이동 혹은 몸통 회전은 당연하게 없고, 양발을 11자로 서서 양어깨만 움직인다. 팔꿈치까지 다 붙이고 어깨만 움직이지만, 스트로크 후에는 피니시를 유지하기 위해 왼쪽 팔꿈치는 가슴에서 떨어진다(필자의 방식이다).

1) 오버래핑그립(Reverse Overlap)
골프의 뉴추럴 그립과 유사하며, 가장 오래되고, 보편적으로 사용하는 그립이다. 롱퍼팅에 유리하나 손목이 안정되지 않을 수 있다.

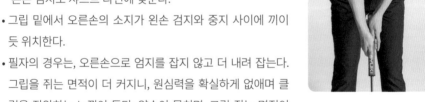

- 퍼터는 손가락이 아닌 손바닥으로 잡는다. 왼손으로 그립 위를 쥔 후 엄지를 샤프트라인에 맞춘다. 오른손이 아래를 쥐며 엄지 아래 두터운 부위 밑 홈으로 왼손 엄지를 감싸 쥔다. 오른손 엄지도 샤프트 라인에 맞춘다.
- 그립 밑에서 오른손의 소지가 왼손 검지와 중지 사이에 끼이듯 위치한다.
- 필자의 경우는, 오른손으로 엄지를 잡지 않고 더 내려 잡는다. 그립을 쥐는 면적이 더 커지니, 원심력을 확실하게 없애며 클럽을 장악하는 느낌이 든다. 양손이 뭉치면, 그립 쥐는 면적이 작아지며, 그립 상부를 쥘 경우 클럽이 놀게 되면, 원심력이 발생하니 거리 조절이 어렵다. 퍼터에 원심력이 작용하면, 공을 터치하여 밀어야 하는 상황에, 공을 때렸다는 말을 듣게 된다.

2) 크로스핸드 그립(역그립, Left-Hand Low)
오버래핑 그립과 손을 반대로 한다. 왼손이 아래를 쥔다. 익숙해지면 오버래핑보다 효과가 좋다고 한다. 손목을 쓰려면 손등을 제쳐야 하니, 손목이 안정되는 효과가 있어 보인다.

- 오른손으로 그립 위를 먼저 쥔 후, 엄지를 샤프트라인에 맞히

고 왼손이 아래를 쥐며 엄지 아래 두터운 부위 밑 홈으로 오른손 엄지를 감싸 쥔다.
오른손 엄지도 샤프트 라인에 맞춘다. 먼저 그립 상부를 잡은 오른손 검지로 왼손 소지와 약지 사이에 둔다. 나머지는 오버래핑과 동일하다.

3) 짚게 그립(The Claw)

왼손 그립으로 클럽을 똑같이 안정되게 잡고, 오른손의 엄지와 검지를 굽히지 않고 편 채, 아래 그립을 고정하듯 쥐고, 오른손의 중지부터 약지도 모두 펴서 검지에 붙이면, 검지가 든든해지는 효과로, 퍼터의 샤프트를 밀어 스트로크한다. 물론 어깨 회전에 의한 스윙이다.

- 왼손으로 그립을 쥐고 엄지를 샤프트에 맞춘다. 오른손은 왼손과 겹치거나 닿지 않는다. 오른손 엄지 손등 부분이 닿는 정도다. 오른손은 왼손으로 쥔 그립아래를 엄지와 검지를 펴서, 그립을 사이에 끼워 집게처럼 잡고, 나머지 손가락도 모두 펴서 검지를 옆에서 든든하게 지지한다.
- 어깨로 스윙을 하며, 오른손 집게그립으로 클럽을 단단히 지지하여 스트로크한다.

4) 더 프레이어(The Prayer) 그립

두툼하게 하여 양손으로 기도하듯 대칭으로 모아쥐는 것으로, 그립을 단단히 감싸지 않아 견고함은 떨어지나 부드러운 스트로크가 가능하다.

3. 필자의 퍼팅

퍼팅은 원하는 방향으로 일정한 거리를 보낼 수 있는 안정된 스트로크가 전제조건이 되겠지만 실전에서 가장 어려운 점은 라이를 읽는 것이다. 이것은 실전경험이 중요하며 필자도 경사 정도만 참작하여 스트로크할 뿐이다.

퍼팅은 필자의 견해나 방법이 틀릴 수 있지만, 퍼팅스트로크를 주말골퍼가 인투인, 인투아웃, 아웃인, 그리고 인투스트레이트 등까지 하자면 끝이 없는 트레이닝이 필요할 것이다. 골프의 전문가나 선수가 되고 싶으면 다른 책을 보고, 특히 퍼팅은 프로출신에게 사사받는 것이 좋을 것이다. 여기는 필자의 퍼팅 방법을 제시하는 것으로 마친다.

각 골프장 그린 위 퍼팅 라인은 캐디들이 잘 알고 있다. 그러나 공을 놓아줄 때 알고 있는 퍼팅 라인에 맞히는 감각이, 사람마다 미세한 차이가 있어, 가급적 본인이 퍼팅 라인을 읽고 놓는 습관이, 퍼팅 능력을 향상시킨다. 그러나 퍼팅 라인을 읽은 수준은, 보기골퍼의 마지막 단계인 연속 4주 주1회 필드 나가는 정도로는 안 된다. 대단히 어렵고, 필자도 자신이 없다. 프로와 아마추어 간 가장 차이가 많이 나는 것이 퍼팅 능력이 아닐까 생각해본다.

① 왼손의 약지 아래로 그립 상단이 5센티쯤 남도록 쥔다. 왼손의 경우 편하게 쥐고 엄지를 샤프트 방향으로 둔다. 오른손은 그립 아래에서 소지로 왼손의 검지를 감아 결속하며 자연스럽게 그립을 쥔다.

오른손 엄지는 샤프트와 일치시키지 말고 그립을 감아쥐어도 된다. 그것이 손목을 전혀 쓰지 않고 어깨만으로 퍼팅을 할 때 그립에 안정감을 준다.

오른손 엄지 아래 두툼한 부분이 왼손 엄지손톱 정도를 덮는 정도다. 양손이 뭉치면 퍼터가 원심력을 가질 수 있어, 오버래핑 대비 양손이 위아래로 더 떨어진다. 그립 쥐는 면적을 넓혀 손목을 안 쓰는 퍼팅에서 샤프트를 안정되게 지지한다.

② 퍼팅은 몸이 회전하지 않으니, 체중 이동이 없다. 오직 어깨만 회전한다. 골반과 무릎이 상체 회전에 반응하나 체중 이동은 아니다. 스탠스는 어깨 폭보다 약간 더 좁게 선다.

③ 어느 경우에도 퍼팅에서 손목은 쓰지 않는다. 그립과 손목은 퍼터를 안정되게 쥘 뿐, 퍼터와 함께 움직인다. 20m 롱퍼팅의 경우도 같다. 스윙 폭을 약간 넓히거나, 어깨 회전 스피드를 높인다.

④ 오직 어깨만 회전시킨다. 양쪽 팔꿈치를 양쪽 허리 약간 앞쪽에 밀착시킨다. 이 상태로 어깨를 회전하는 만큼, 그립과 클럽이 똑같이 회전한다. 다만 홀컵이 5m 이상 되는 경우, 퍼팅의 피니

시에서 왼쪽 팔꿈치는 옆구리에서 홀컵 방향그대로 잠깐 떨어지는 유연성이 필요하다. 퍼팅스 트로크를 우에서 좌로 처음부터 끝까지 퍼팅 라인과 일치시켜, 직선으로 하기 위함이다. 예로 팔꿈치를 다 붙이고 퍼팅 스윙 폭을 크게 하면 당연히 인투인 스윙으로 원을 그린다. 주말골퍼 가 이런 퍼팅으로 반듯하게 공을 보내려면 눈물겨운, 결코 즐거운 주말골퍼 수준의 연습으로는 안 될 것이다.

⑤ 지면과 얼굴이 수평으로 마주 보듯 어드레스 한다. 그렇게 숙이는 것이 라이를 읽고, 공이 퍼터 의 스윗스팟에 위치하는 데 도움이 된다.

⑥ 에이밍은 양발 끝으로 한다. 11자로 선 양발 끝과 퍼팅 라인이 평행선으로 일치해야 한다.

⑦ 퍼터의 바닥 솔이 바닥에 닿게 어드레스 한다. 토우나 힐쪽이 들리면 안 된다. 바닥을 쓸 듯이 미 끄러져야 한다. 직선 스트로크나 스윙의 양쪽은 헤드가 지면에서 살짝 떨어지며, 스트로크 순간 바닥을 스친다. 스트로크 순간 헤드가 바닥에 걸리는 느낌이 들면 스트로크는 실패하게 된다.

⑧ 1m가 못 되는 퍼팅도 신중하고 신중해야 한다. 남의 시선을 의식할 필요 없다. 한 타를 잃고 후회해도 소용이 없다. 멋지게 날린 200m 비거리의 티샷이 1m 퍼팅을 놓치는 순간 무용지물이 된다. 똑같이 한 타다.

⑨ 홀을 20센티쯤 지나게 스트로크해야 한다. 대단히 어려운 주문이다. 퍼팅 라인이 굴곡진 경우, 5m로 가정해서, 정확하게 5m 거리를 스트로크했다면 공은 끝에서 늘어지듯 휘어지며 홀을 벗어난다.

⑩ 시선은 퍼팅 라인을 확인하며, 공에 그어진 퍼팅 라인을 일치시켜 공을 놓은 뒤, 어드레스 셋업 후 홀컵과 퍼팅 라인을 재 확인한 후, 시선은 공에 고정한다. 스트로크 후에도 공이 있던 자리에 시선을 둔 채, 결과는 귀로 봐야 한다. 홀컵에 공이 떨어지는 소리 혹은 "굿샷" 이란 격려가 눈이다. 그런 노력을 해도, 충분히 공이 굴러가는 모습을 보게 된다. 스트로크 직 후 공을 보려는 습관은 스윙 강도부터 자세까지 모든 것을 틀어지게 한다.

⑪ 퍼팅을 팔이나 손목을 쓰면 원심력으로 공을 때리게 된다. 손목을 쓰지 않고 어깨 회전으로 터치하는 느낌으로 밀 듯 스트로크하면 된다. 터치하고 헤드를 살짝 들어 올리면 공이 제대로 굴러가나, 에이밍이 정확하면 큰 차이는 없다.

⑫ 칩샷, 피치샷 그리고 퍼팅의 공통점은 공과 목표점까지 일직선으로 스윙을 하여 피니시를 타깃 방향으로 유지하는 것이다.

⑬ 연습은 그린과 유사하게 꾸며놓은 곳을 왔다 갔다 하는 것보다, 일정한 거리를 반복하여 어깨 회전으로 굴러가는 거리를 몸이 기억하는 것이 좋다. 굴곡이 없는 5m 퍼팅을 지속 반복한다. 이것이 몸에 기억되면 스크린골프 퍼팅 확률은 대단히 높아지며, 필드에서도 그 강도를 기준으로 스트로크하면 된다.

※ 이상은 필자의 퍼팅 방법이다. 이것으로도 스크린에서는 프로수준이다. 기계가 라이를 다 읽고 표시하고 설명해주기 때문이다. 실제 그린의 라이를 제대로 읽는 것은 일 년에 열 번 미만 필드 출석률로는 평생 불가능하리라 생각이 된다. 일단 위 방법으로 컨시드라인이라도 진입을 하게 되면 보기골퍼 목표 달성은 충분히 가능하다.

4. 그린

그린은 잔디를 짧게 깎아 공이 잘 굴러가게 만든 홀의 끝에 위치하고 한 개의 홀컵이 파인 곳이다. 홀컵은 하루에도 몇 번씩 이동한다. 퍼팅 라인을 타고 그린잔디가 망가지기 때문이다. 이것도 부족해서 그린 옆에 하나의 그린이 더 만들어 번갈아 사용하기도 한다. 옆 그린이라고 한다. 옆 그린은 예비용이니 홀컵이 안 파여 있다. 그린 위 어프로치는 그린이 망가지니 할 수가 없다. 따라서 옆 그린에 공이 떨어진 경우도 어프로치샷을 하려면 부득이 밖으로 드롭을 해서 어프로치를 한다.

그린 관리는 숙련된 사람이 필요하고, 골프장에서 가장 비용이 드는 위치다.

홀을 바라보고 가까이 홀컵을 이동시킨 경우 앞핀, 멀리 이동시킨 경우 뒷핀이라 함은 온그린 되기 위한 샷을 준비할 때 의미가 있다. 그린 크기에 따라서 30m까지 거리 차가 날 수도 있 기 때문이다.

그린은 비가 온 후는 잔디가 물을 먹고 있어 공이 구를 때 물레방아처럼 공을 타고 물이 흘러 내린다. 당연히 평소보다 강한 스트로크가 필요하다. 아침이슬이 있을 때와 태양빛에 마른 상 태 역시 그린스피드는 다르다.

과거는 홀에 꽂혀있는 깃대를 꺼내고 퍼팅을 했으나, 룰도 개정되었고 진행 편의상 그대로 꽂 은 채 진행하기도 한다. 공이 홀컵과 깃대 사이에 걸리면 깃대를 살며시 흔들어 떨어뜨린 후 꺼낸다.

상대방의 퍼팅 라인을 밟는 것은 대단한 실례다. 부득이 밟아야 퍼팅이 되는 경우는 거리가 가깝더라도 상대에게 선 퍼팅을 양보해야 한다. 아울러 공을 닦거나 퍼팅 라인을 위해 공을 집을 때는 몇 번을 다시 집어도 반드시 볼마크를 공 뒤에 두고 해야 한다.

16 4주 차로 골프를 다 배웠다

똑같이 공부해도, 대입에 성공할 수도 있고 못 할 수도 있다. 똑같이 운동해도, 국가대표나 프로가 될 수도 있고, 우승 한 번 못 할 수도 있다. 더욱이 아마추어의 골프란, 운동능력에 따라 천차만별의 차이를 보일 수밖에 없다. 그러나 코치부터 잘못되면, 만년 백돌이로 스트레스를 받고 골프를 그만두게 된다.

클럽의 가격대나 필드에 나가는 비용과 거리 등 골프는 대중화되었다고 하나, 스크린 골프의 영향 탓일 뿐, 적정한 코칭이 필요한 것까지 고려하면 비교적 접근성이 떨어지는 스포츠다.

그런 탓인지, 본인의 취향을 떠나 골프를 안 한다면 뭔가 뒤처지는 느낌이 드는 운동이기도 하다. 부디 이 책이 누구나 골프를 쉽게 접근하기 좋은, 비기너 눈높이에 적합하다는 얘기를 들었으면 한다. 거듭 얘기하지만 전문가들의 비평은 거부한다. 그들은 골프입문자들에게 이미 커다란 죄를 짓고 있다. 지역코치들을 지적하기 전에 시스템을 고민해야 한다.

1. 이런저런 얘기

어프로치나 퍼터 연습은 상대적으로 지루하지만, 드라이버, 우드, 유틸리티, 아이언, 그리고 어프로치를 골고루 연습해야 실력이 향상된다. 퍼팅은 책대로 연습하면 생각보다 빨리 적응될 것이다.

필드에서 우드를 제대로 치는 것은 상당히 어렵다. 클럽이 떨어질 때 공에 바로 맞아야 샷이 되기 때문이다. 공보다 먼저 헤드가 떨어지면, 지면에 퉁기면서 공 중앙에 맞기 일쑤라서 우드를 필드에서 자유자재로 치기는 상당히 어렵다. 물론 티박스의 티샷인 경우 티를 세워 올리고 샷을 하니 상관이 없다.

홀이 멀수록 장타를 의식해서 자기도 모르게 어깨가 경직되면 좋은 샷이 나올 수가 없다. 힘을 빼고 백스윙을 하고 임팩트 순간에 갑자기 힘을 주거나 무릎을 들어 샷을 실패하는 경우도 왕왕 있으니 주의해야 한다.

공을 칠 때는 그저 평소 연습대로 하나둘이라는 리듬에 의지하면 된다. 헤드를 공 옆에 둔 채 상념에 빠지듯 생각이 길어져도 좋은 샷이 나올 수가 없다.

오른쪽 허리 부분이 연습이 끝나면 약간의 통증이 올만큼 필요한 근육이 발달되어야 한다. 아울러 백스윙탑을 하면 정면 거울에서 오른쪽 어깨 뒤 등이 보일 정도로 확실하게 파워를 축적하는 습관이 들어야 한다.

빈 스윙을 했을 때, 아이언이 공이 놓일 자리를 지나서 매트를 스치면 바른 스윙이다. 아울러 아이언 클럽별로 비거리 차이가 10m 정도면 제대로 된 스윙을 하는 것이다.

복기하듯 본 책을 가끔 읽어보는 것이 연습량이 쌓여가며 안 보였던 것이 보이고 실력 향상에 도움이 될 것이다.

2. 필드와 스크린

4주 만에 내가 아는 골프 지식은 바닥을 보였다. 하지만 보기골퍼로 골프를 즐기는데 그 이상 필요한 것이 있을 것 같지도 않다. 이제 몸으로 기억하고, 인도어 연습장에서 시원하게 공이 날아가는지 확인해보고, 골프 길잡이를 해주는 지인과 함께 필드를 나가보는 순서다.

인도어에서 드라이버가 남녀가 차이가 있지만, 적정한 비거리를 보이고, 우드로 연속해서 공을 맞히고, 아이언이 용도별로 비거리 차이가 나면, 처음 필드를 나가도 백돌이가 아닐 수도 있다. 물론 어프로치와 퍼팅의 많은 실수를 엄격하게 타수로 계산하면, 머리 올리는 날 백돌이를 면하기는 어렵다. 그러나 홀을 거듭하며, 스윙은 안정될 것이나 퍼팅과 어프로치는 더 경험이 필요함을 느낄 것이다.

상황이 허락한다면, 스윙이 안정된 후 필드를 주간 단위로 연속해서 4번 정도 경험하면, 일반적인 주말골퍼 수준의 배려로, 보기골퍼에 진입한다고 자신한다. 연습의 연속성은, 머리가 아니라 동작이 몸에 배게 하는데 필수적인 요소다. 필드를 연속하지 않으면, 정확한 연습이 되기 어렵다.

거꾸로 필드를 연속 4주 나가며, 보기골퍼에 진입한 후, 상황에 따라 공백기를 갖는 것은 큰 문제가 아니다. 이미 몸이 기억하기 때문에 장기간의 공백도 몇 번의 연습으로 모두 복구된다.

끝으로, 스크린 게임은 접근성이 좋아 당연하게 즐기게 된다. 필드와 스크린은 다음과 같은 차이가 있다. 스크린 골프는, 임팩트된 공의 속도와 회전을 빛이 순간적으로 읽어, 거리나 방향을 화면에 표시해준다.

첫째 라이가 다르다. 스크린의 라이는 매트와 인조벙커 정도다. 러프는 실이 공과 헤드사이에 끼워져, 필드보다도 불편한 곳이 더러 있다. 러프 연습은 안 되나 벙커 연습은 스스로 똑같이 헤드를 닿지 않게 쳐내는 시도를 해야 한다. 러프는 거리의 페널티를 감수하고, 페어웨이 매트에서 치면 된다.

필드의 잔디는 매트보다 단단한 땅이고, 매끄럽지도 않다. 페어웨이도 굴곡이 심하다. 양쪽 다리를 편하게 어드레스 하지 못하는 환경도 부지기수다. 스크린은 미세한 탑핑도 공이 회전하며 날아가니, 빛이 어느 정도 거리를 읽어주고, 뒤땅도 헤드가 미끄러지며 샷이 되지만, 필드는 실수를 용서하지 않는다.

가장 큰 편차는 어프로치와 퍼터다. 경사 정도 움직여질 뿐 스크린의 라이는 한결같이 매트다. 방향과 거리 등 모든 배려가 화면과 음성으로 서비스된다. 스크린에서 필드대비 매홀 한 타만 줄여도 −18이란 어마한 격차가 벌어진다.

둘째 한 치의 오차도 없는 목표지점까지 정확한 거리표시, 상황설정에 대한 친절한 설명, 화면을 움직이며 최적의 방향으로 만들고, 타석은 변함이 없으니 마땅히 에이밍에 공들일 필요도 없다. 필드는 네 명의 골퍼들이, 각자 여기저기 떨어진 공을 세컨샷 등을 하다 보면 비기너에게 일일이 가이드하는 것은 불가능하다. 캐디가 클럽을 바꾸어주며 홀컵까지의 거리 정도나 읽어줄 뿐이다. 해저드를 피해서 치거나, 넓은 공간에서 에이밍을 본인이 판단해야 한다. 실전경험이 적을 때는 정확한 에이밍도 필드가 넓으니 어렵다.

셋째 화면으로 보이는 그림과 실제로 필드에서 거리감을 갖고 보는 느낌은 다르다. 스크린은 맨트가 된 거리에 맞는 아이언으로 스윙만 하면 되나, 필드에서 아일랜드 성 그린을 만나면, 그저 120m만 반듯이 보내면 충분한 곳인데도 불구하고, 자꾸 시선을 물에 두니, 몸이 그 거리에 맞쳐지며, 긴장하여 실수를 한다. 필드에서는 묘한 것이, 티샷도 공을 치기 전, 연습스윙은 완벽하나, 막상 공을 칠 때는 리듬을 잃고 서둘거나, 결과가 궁금해 머리를 들어 탑핑이 되기 일쑤다. 긴장과 경직으로 본인도 이해 못 하는 동작이 지속된다. 잘 치다가도, 뒤에서 따라오는 팀이 카트에서 보기라도 하면, 늘어난 갤러리 탓인지 실수하는 경우도 왕왕 있다.

넷째 필드는 시간대, 계절, 그리고 기후에 따라 같은 코스도 다양한 환경변화가 있다. 아울러 지역별로 골프장특성도 있다. 아침 그린은 이슬을 먹은 탓에 공이 덜 구른다. 춘천 인근의 골프장은 호수가 많은 탓인지 오전 내내 안개로, 그린이 안 보이는 경우도 허다하다. 바닷가 골프장은 거센 바람이 공을 전혀 예상치 않은 곳으로 착지를 시키는 경우도 있다. 그러나 스크린은 이 모든 것을 커버해주는 설명과 일 년 내내 변함없는 똑같은 환경이다. 필드는 계절별로 몸에 느끼는 추위, 더위, 그리고 바람까지 영향을 준다.

4주간의 기본 익히기, 4주간의 연속 동작으로 스윙을 루틴화하기, 4주간 스윙 스피드를 높이며 하나에 백스윙탑 둘에 피니시까지, 4주간 매주 필드나가기 같은 일정을 소화해내면 골프에 자신감을 갖게 될 것이다.

이상 끝까지 읽어주심에 깊이 감사드린다. 비기너 탈출에 도움이 되었다면, 무한한 기쁨과 보람으로 행복할 것이다. 독자와 가족들 모두의 건강과 번영을 충심으로 바라는 바이다.

Part ❸

독학골프 완성

1 머리 올리기

Part ❸
독학골프 완성

1 머리 올리기

연습이나 필드에서 명심해야 할 몇 가지를 완성단계인 머리 올리기에 추가한다. 이유는 연습 중에 넣으면 꼭 명심할 사항이 여러 요소로 인해 묻힐 가능성이 크기 때문이다.

● 비거리는 몸통 회전 스피드가 좌우할 뿐 힘준다고 멀리 가지 않는다.

연습은 팔을 쓰지 않고 몸통 스윙을 잘하고, 막상 필드를 나가면 넓은 공간 혹은 앞에 해저드 등을 두고 갑자기 어깨에 힘이 들어가거나, 임팩트 순간 가득 힘을 주는 것은 비기너에게 당연한 일이다. 게다가 러프의 풀이 긴 경우 헤드가 파고들지 못할 거라는 강박관념이 더욱 힘이 들어가게 한다.

그러나 클럽헤드는 충분히 무겁고, 돌아 떨어지는 원심력은 가히 폭발적임에 연습한 그대로 리듬 스윙만 해주면 된다. 거리는 클럽 선택이 좌우할 뿐이다. 그저 똑같이 서둘지 말고 몸통 스윙을 해주면 된다. 러프의 경우 클럽으로 공 옆 긴 풀을 살짝 눌러보면 자신감이 생길 것이다. 긴 풀 정도는 세컨샷 아이언의 풀스윙은 없는 것과 마찬가지다.

반복되나 힘을 주는 순간 어깨가 경직되고, 근육이 땅겨 클럽헤드가 그만큼 떨구어지지 못하니, 공 옆구리나 머리를 때려 바닥을 기는 뱀샷이 나오고, 심지어 해저드 앞 샷은 공에 맞지도 않는 경우가 생긴다. 힘을 전혀 주지 않고 있다가도 임팩트 순간 힘이 들어가는 경우도 많으니 명심하여 무념무상 항상 같은 스윙을 해주어야 한다.

서둘러도 팔을 쓰게 되지만 너무 생각이 많아도 스윙이 틀려진다. 그저 하나둘에 풀스윙을 해보고, 똑같이 변함없이 18홀 내내 무념무상으로 하나 둘에 풀스윙만 하면 된다. "이럴 땐 이렇게 저럴 땐 저렇게" 스윙을 하면 평생 백돌이다. 무념무상 일관된 스윙을 해야 하기에 마인드 스포츠란 것이고 평정심이 흔들림 프로도 미스샷을 하는 것이다.

● 백스윙에서 느끼는 헤드위치

헤드가 목 위로 감기는 느낌이 들면 가파른 것이다. 암리프트에서 허리와 골반을 비틀어 백스윙탑을 향할 때, 클럽 샤프트가 약 45도 경사로 헤드가 약간 뒤로 더 멀어지는 느낌을 받는 것이 정상적인 궤도다,

● 같은 연습량에도 샷 실수가 더 많은 이유

연습할 때나 스크린 골프에서는 보이지 않던 미스샷이 필드만 나가면 유독 바닥을 기는 뱀샷이 많은 비기너가 있다. 잔뜩 긴장해서 옆에서 격려하며 보던 이들도, 연이은 뱀샷을 보면 같이 힘이 빠진다. 연습 할 때 공의 좌우 위치를 정확하게 놓지 않고 소위 쓸어 치는 샷을 하는 경우다. 우드도 동일하게 클럽헤드가 떨어질 때 오차 없이 바로 공에 떨구어야 한다. 연습 매트나 스크린 게임 매트는, 뒤땅이라기에는 애매한 수준으로, 몇 밀리 차로 헤드가 먼저 매트에 떨어져도 쿠션과 미끄러움으로 매트를 파고들며 정확한 샷이 된다.

그러나 필드의 바닥은 단단하여, 공보다 바닥에 먼저 헤드가 닿는 순간 헤드가 퉁겨지는 효과로 공 옆이나 머리를 치는 현상이 나타난다. 솔이 넓은 우드 세컨샷은 더욱 잘 퉁겨지니 우드 샷이 어렵다고 하는 것이다. 퉁겨지는 것과 어깨에 힘이 들어가 근육이 경직되어 클럽을 당기

는 샷의 결과는 같다.

연습할 때 공과 수직거리도 중요하지만, 정확하게 임팩트되는 공의 좌우 위치를 기억하고, 헤드가 바로 공에 맞는 샷을 연습하는 것 외 방법이 없다. 편하게 대충 매트를 살짝 스치며 임팩트되는 연습을 지속하면 필드의 세컨샷을 해결하지 못해 스트레스는 당연하고, 핸디캡이 줄어들 수 없다.

● 필드 위 어프로치에서, 칩샷과 피치샷의 차이

피치샷은 바운스가 미리 잔디를 스치며 공 밑을 파고들 수 있으나, 칩샷은 클럽헤드 페이스를 수직으로 세워 퍼팅처럼 공 옆을 임팩트하는 것이니 엣지가 바닥에 닿으면, 헤드가 바운드되며 미스샷이 된다. 바닥 솔이 넓고, 그린 위 짧은 잔디에서 하는 퍼팅조차, 바닥을 스치지 않는 것이 좋은데 에이프런이나 그린 주변 잔디 위에서, 피치웨지나 샌드웨지로 헤드페이스를 수직으로 세워 바닥을 스치면, 평평해도 스윙이 브레이크 걸리는 것은 당연하다.

칩샷은 바닥을 스치지 않고 공에 바로 임팩트되게 연습하고, 필드에서는 더더욱 그렇게 해야 한다. 미끄러운 매트 위 칩샷은 바닥을 스칠수록 더 정확하게 거리 조절이 될 수 있기에 그것이 습관이 되면 필드 성적은 향상될 수 없다.

● 에이밍이 어려운 이유는 거리에 있다.

연습장의 에이밍이 잘 돼도 필드에 나가면 거리는 정확한데 그린 옆에 떨어지는 경우가 대부분이다. 바로 에이밍의 실수다. 필자도 에이밍이 정확하다면 싱글로 진입이 된다고 생각한다. 양발 끝과 목표를 일치시키면 된다고 생각하지만 짧은 거리나 가능한 것이고, 거리가 길어지면 미세한 방향 차이로 끝에서 10m쯤 틀려지는 일이 허다하다. 에이밍에는 바람의 방향 등도 고려대상이 될 것이다.

150m 전후의 세컨 혹은 써드 샷일 때는 본인이 생각하는 목표로 양발 끝을 일치시킬 때, 생

각보다 덜 꺾어 서는 것이 맞을 것인데 어쩌면 이것은 개인의 감각 차이라고 볼 수 있다.

물론 실외연습장에서 꾸준히 연습하면 어렵지 않게 극복할 수는 있으나 필드는 광활하니 세 컨샷 써드샷을 그린위에 정확히 올리는 것이 쉽지않다. 어쩌면 싱글골퍼로 가는 마지막 단계는 에이밍이라고 해도 과언이 아니다.

● 우아한 스윙을 하려고 애쓰지 마라

스윙이 우아하거나 멋지려면 작위적인 동작이 포함될 수밖에 없다. 스윙은 단칼에 내려치듯 단호하고 날카로운 것이다. 다만 처음부터 끝까지 몸통과 왼발바닥이 회전축이 되는 원운동이며, 피니시가 회전의 끝이다. 원을 그리는 동작이 쌔려 치는 날카로움조차 아름답게 보이게 한다. 인위적으로 더 우아하고 멋있게 치려 하면, 연습을 많이 해도 회전스피드가 늘지 않고 비거리 역시 늘지 않는다. 회전스피드가 줄면 피니시까지 돌아갈 동력이 없으니 의식적으로 우아하게 팔을 뒤로 돌리는 연출을 하게 된다.

어드레스 척추 각을 유지한 채, 연습한 대칭스윙으로 빠르게 골반을 회전하면, 원운동이 스윙과 피니시 전체를 세련된 동작으로 만들어 준다.

1. 골프장 가기

한국의 면적과 인구를 대비한 밀도는 세계 탑 순위에 들어가는데, 국토의 70%가 산이니 도시인구는 가히 세계 최고일 것이다. 그러니 도시에 신규 골프장이 건설되기는 어렵다. 장충단공원이 일제 강점기 한국최초의 골프장이었다고 하지만, 추가로 건설되는 골프장은 대개 산이나 바닷가의 뻘 위에 건설된다.

도심 골프장 회원권이 없는 경우, 필드를 나가면, 집이나 직장 위치에 따라 다르겠으나, 도로 사정까지 감안하면 하루를 꼬박 써야 한다. 처음 필드를 나가게 되면 그런 전반적인 스케줄을 감안하고, 특히 티업시간 대비 한 시간쯤 전에 도착해야 아직 낯선 클럽하우스에 적응하게 된다.

클럽하우스 정문에 차를 대면, 캐디백과 보스턴백을 도우미들이 내려준다. 캐디백은 배정된 캐디의 카트에 실리게 되니 명패에 명확하게 본인 이름이나 이니셜이 달려 있는 것이 서로가 편하다. 보스턴백은 주차 후 본인이 들고 클럽하우스에 들어가서 옷, 신발, 모자, 스포츠 언더 등 기타 필요한 용품을 챙기게 된다.

골프복장을 하고, 집에서부터 출발할 수도 있고, 클럽하우스 라커룸에서 갈아입을 수도 있으나, 클럽하우스 입장을 할 때 추리닝이나 슬리퍼 등 지나치게 편안한 옷차림은 피하는 것이 예의다. 반정장이나 캐주얼 차림이 좋다. 등산복과 골프복장은 확연히 표시가 난다. 기능성이 긴 하나 골프를 칠 때는 골프복장이 맞다.

한참 돈을 벌 때 퍼스트클래스를 이용하자니, 승무원이 티켓을 확인하고도 입장을 꺼려 해서 실랑이한 적이 있다면서, "도대체 겉 보고 사람을 판단하지 말라"며 훈계하는 글을 쓰는 이를 보고 실소를 금할 수가 없었다. 잘못은 본인이 한 것이다. 그렇게 편집증이 있는 사람은 자기 잘못을 모른다. 같이 퍼스트클래스 티켓팅을 한 분들의 품격을 생각해서 분위기에 맞는 복장과 태도 등을 갖추는 것이 맞다. 그저 돈만 냈다고 해서 항구에서 선적하던 작업복 차림으로 퍼스트클래스를 타면서 "나도 사장이야." 하는 것은 몰지각한 생각이다. 한정식집에서 돈 냈다고 떠들면서 손으로 음식을 집어 먹는 것과 진배없다.

주차 후 게스트하우스 정문으로 복귀하여 본인의 보스턴백을 들고 로비로 들어서면 프런트에 체크인한다. 예약한 사람의 이름과 티업시간을 말하면 라커 번호가 찍힌 표를 주는데, 먼저 도착한 사람이 4명 신상명세를 다 알면 적어서 프런트에 준다. 게임이 끝난 후 스코어 카드에 그 이름이 그대로 출력된다.

클럽하우스 내부는 프런트, 남녀 라커룸과 샤워실, 식당, 카페, 골프용품 판매소, 현금인출기 및 스코어 카드 출력기 등으로 구성된다. 프런트에서 받은 라커 번호는 잊지 않는 것이 좋다. 라커는 오픈된 상태로 옷을 갈아입고 본인이 정한 4자리 숫자로 비번을 입력하면 잠긴다. 화장실 등에 선크림이 비치되어 있다.

필드로 나가기 위해, 카트 대기 장소로 갈 때는 차키를 들고 가서 캐디백주머니에 넣는다. 경기를 마친 후, 캐디백을 카트에 실은 채 주차장으로 와서, 각자의 차량을 찾아 돌며, 싣도록 배려하는데 차키가 없으면 클럽하우스 앞에 내려줄 수밖에 없으니, 본인이 샤워 등을 마치고 둘러메고 차로 오거나, 다른 차에 일단 내린 후 갈 때 받아가야 한다.

모자와 골프화까지 착용한 후 티업 20분 전에는 카트 대기 장소로 내려가서 본인 캐디백이 실린 카트에서 퍼터나 드라이버를 꺼내 스윙을 해보는 것도 좋다.

2. 필드 준비물

처음 필드를 나갈 때 준비물을 길지 않게 간략하게 요약해본다.

캐디백에는 바람막이 옷, 장갑, 골프공, 티(긴 것, 짧은 것), 볼마크는 필수품이며, 간단한 간식이나 편의용품을 넣어두면 편리하다. 티업 전에 카트로 내려오면, 캐디백에서 꺼내 착용을 한다. 장갑, 골프공도 두 개 정도는 주머니나 골프공 케이스에 넣어 허리에 차고, 티와 볼마크도 주머니에 넣는데, 볼마크는 자석으로 모자에 붙여 다니는 것이 가장 편리하다.

보스턴백에는 갈아입을 의류와 신발, 그리고 모자가 들어간다. 다른 스케줄이 없다면 골프복장으로 출발하고, 그 옷차림으로 복귀할 수는 있으나, 18홀을 약 4시간 정도 돌고 나면, 땀에 젖으니 여벌 옷과 언더 양말 등은 추가로 필요하다.

공과 티는 비기너에게 설명이 필요하다. 비기너가 새 공을 가져갈 필요는 없다. 워터해저드가 아니라도, 경계를 벗어나면 찾지 못하는 공이 허다하다. 본 책으로 연습을 충실히 해서, 인도어에서 자신감이 붙은 경우는 크게 우려할 일은 아니나, 로스트볼 A급으로 20개쯤 준비하고, 주문할 때 본인 이니셜을 새겨달라고 하거나, 특정 마크를 해서, 떨어진 지점이 다른 사람과 비슷할 때 쉽게 본인 것을 찾을 수 있어야 한다.

투피스나 쓰리피스 같은 것은, 가격을 떠나 특성이 있는 것이고, 장단점이 있기 때문에 앞으로도 유념할 일은 아니다. 티도 골프장 인근 식당에 비치된 수준은 안 된다. 드라이버용 롱티는 공이 쉽게 올려지도록, 머리 부분이 반듯하고, 가로 라인처럼 내려가며 줄이 연이어 그어져 있는 것이 좋다. 그렇지 않은 경우 티를 세울 때마다 높이가 달라진다. 티를 꽂을 때는 검지와 중지 사이에 티를 고정하고, 손바닥에 공을 두어, 티를 세움과 공을 올리는 동작을, 한번에 하도록 계속 시도를 해서 익숙해져야 한다.

휴대폰, 티슈, 껌 등 기타 소지품을 하나로 담을 수 있는 소형 가방(파우치) 하나 있으면 카트에 올려두고 사용할 수 있으니 편리하다.

출발 하루 이틀 전 해당 골프장 홈페이지에 들어가면 코스별로 설명이 되어있다. 사전에 어느 코스인지 모를 수도 있고, 그렇게 개략적인 설명은 성적에 큰 도움은 안 되나, 해저드의 유형이나 18홀의 레이아웃을 머릿속에 담고 가면 경기 흐름에 빠르게 익숙해진다.

3. 캐디

캐디는 보기골퍼 수준이 아니라도 골프를 칠 줄 알고, 룰을 잘 알고 있으며, 해당 골프장의 퍼팅 라인을 포함해서 모든 것에 해박하다. 아울러 매일 한두 팀을 상대하니 어떤 상황이라도 반복되는 일상일 뿐이다. 아울러 전문가다. 네 명 중 두 명이 똑같은 클럽을 소유했어도 18홀 내내 클럽을 구분해서 건넬 정도다. 전문가 수준의 대우가 필요하며, 명찰을 보고 이름으로 호칭하는 것이 예의다.

아울러 골프장 내에서 가장 약자다. 캐디는 여성이 많다. 골프장 보수를 하는 직원들과도 친하지 않다. 골퍼들의 행위가 보수에 손이 더 가게 하는 경우도 있어, 캐디들의 잘못된 가이드 탓이라 원망하니 늘 경계를 한다. 유지보수를 하는 이들의 수고는 골퍼들과 접촉이 없어, 심리적으로 상대적 박탈감이 있을 듯도 하다. 캐디 서비스에 대한 불만을 골프장에 얘기하면, 페널티로 캐디가 중단되고, 일정 기간 잔디 보수를 하는 경우도 있다고 한다. 앞 팀과 뒤 팀의 경기에 지장을 주지 않는 범위에서, 멀리건을 주고 사진 촬영을 해야 한다. 비수기도 있고, 온몸으로 경기를 지원하는 상황을 대비함, 보수가 많은 것도 아니라고 본다.

아웃코스가 끝나면 그늘막은 반드시 있어, 간식이나 식사를 할 수가 있고, 이때는 휴식을 위해 잠시 카트를 두고 떠나는 캐디 음료도 챙기는 것이 매너스다. 경기 중 캐디가 본인의 보온병 등으로 믹스커피를 셀프로 제공하기도 하고, 티샷의 티 혹은 공을 많이 잃은 비기너에게 로스트볼을 제공하기도 한다. 코스 도중에 홀 중간에 있는 그늘막은 급한 용무 외 다른 것을 할 시간적 여유는 없다.

버디 등 좋은 성적을 거둔 홀에서는, 퍼팅 라인에 도움을 주었다고 팁을 건네기도 하고, 경기 후 정당한 보수인 캐디피를 건넬 때, 서비스에 보답하는 소액의팁을 추가하기도 한다. 캐디피는 현금이며, 대부분의 골프장 캐디는, 골프장소속 직원이 아니며, 사업소득으로 종합소득세 신고를 한다. 캐디피는 경기지원에 대한 근로의 보수로 팁이 아니다.

캐디피만 경기 종료 후, 캐디에게 직접 건네는 현금이며, 그린피, 카트피, 그리고 그늘막 식사나 음료는 모두 합산되어, 프런트에서 체크아웃할 때 계산된다. 합산 후 N 분의 일 혹은 식대는 특정인이 계산한다든지, 다양한 요구는 모두 수용된다. 일례로 특정인이 할인 적용되는 경우, 할인은 특정인에게만 적용하라고 명확히 대상을 표현해야 한다. 당연히 특정인 할인이 적용된다 생각하여, N 분의 일이라고 말하면, 특정인의 할인 분까지 모두에게 배분 할인 적용된다.

4. 골프코스와 매너스

캐디가 인사를 하고 카트에 타면, 드디어 첫 홀로 이동을 한다. 대개 티그라운드는 블루(선수용), 화이트(일반 남성), 레이디(일반 여성) 세 가지로 홀핀과 거리에 차별을 둔다. 시간 여유가 있으면 캐디가 주도하여 스트레칭을 할 수 있다. 첫 타석에는, 대개 앞 팀의 티샷을 보는 경우가 많다.

티박스의 티마크는 골프장마다 특성이 있고, 두 개의 티마크 사이에 잠정적으로 선이 그어졌다고 보아, 그것을 넘어 티를 꽂으면 안 된다. 배꼽이 나왔다고 놀린다. 첫 홀은, 핸디차가 큰 경우는, 가장 핸디가 적은 사람이 먼저 칠 수도 있고, 캐디가 첫 홀에 비치된 쇠막대를 뽑게 하여, 표시된 순으로 칠 수도 있다. 비기너는 선배 골퍼들의 결정에 따르면 된다.

티그라운드 뒤편에서 차례를 기다릴 때, 연습스윙을 할 수는 있으나, 티샷을 어드레스 하는 사람이 있을 때는 안 된다. 연습할 공간이 티그라운드와 거리가 있고, 에이밍 하는 동안 연습을 하는 경우도, 홀핀과 반대쪽으로 돌아서서, 사람이 없는 쪽으로 빈 스윙을 해야 한다. 휴대폰 소리는 무음으로 한다. 상당히 앞서 가는 입장일 때는, 그런 연습 자체가 상대의 감정을 상하게 할 수 있다.

티샷 후 티가 날아가 못 찾는 경우가 아니면, 티는 본인이 꼭 회수해야 한다.

멀리건은 상대가 먼저 배려하는 것이다. 아울러 캐디에게도 물어보는 것이 맞다. 뒤 팀에 밀리거나 경기에 지장을 주면, 캐디가 페널티를 받는다. 밀리기 시작하면 연속성이 있기 때문이다.

OB가 나면 OB티로 이동한다. 프로처럼 제자리에서 잠정구를 날린다고 고집하면, 골프장 운영에 지장을 줄 수 있다. 현실적으로 딱히 대안이 없다. 이동을 한 타로 추가하여, OB티에서 치는 샷은 이미 4타째가 된다. 첫 타+벌타+이동거리 한 타로 3타를 날린 상태다. OB티는 대개 한 번에 온그린 될 거리에 둔다. 만회할 기회를 주기 위함이다. 팔로치는 비기너는 OB티가 더 반가울 수도 있다. 던진다거나, 찍어 치고 쓸어 친다는 허무맹랑한 코치로, 매트 위에서나 가능한 샷에 익숙하니, 아이언으로 연신 땅을 찍어 댈 뿐이라서 그만큼 걸어가라고 하면 다행이다 싶은 거다.

세컨샷부터는 가장 비거리가 적게 나온 사람부터 친다. 그린에서 가장 먼 사람이 먼저 치면서 차례로 앞으로 나아간다. 자기 공이 더 멀리 간 경우, 라이를 살피기 위해 뒤에서 샷을 하기 전에, 앞으로 걸어갔다면, 뒤를 돌아보고 편하게 샷을 하도록, 안전에 유의해야 한다.

카트는 캐디가 타고 있지 않아도 도로의 전기선을 타고 리모컨으로 작동된다. 캐디 옆자리가 혼자 앉으니 편하고 상석이다. 그러나 앞자리는 커브 등에서 골퍼가 떨어지는 경우가 왕왕 있다. 뒷자리는 좁고 서로 잡아줄 수 있지만, 앞은 다소 여유가 있고 팔걸이 높이가 낮으니 너무 방심하거나, 뒤돌아보며 주의를 게을리하면 급커브에서 떨어지는 경우를 실제로 보았다. 굉장히 위험한 상황이 될 수가 있으니 캐디와 앞 좌석 골퍼는 서로 주의해야 한다.

골프용어나 OB와 해저드 등 타수 계산 등은 사전에 숙지하고 출발한다. OB는 원칙상 돌아가서 다시 쳐야 하는 샷이다. 그래서 프로들은 OB로 예상되면 잠정구를 미리 하나 더 친다. 유사시 돌아오는 시간을 줄이기 위함이다. 아마추어의 OB티는 위의 설명과 같다. 해저드 티샷은 3타째이다. 해저드 유형에 따라 공을 칠 수도 있지만 외부에서 공을 드롭한다고 가정하여 1벌타를 받는 것은 OB와 같다. 그러나 OB는 원래 타석에서 잠정구를 다시 치나, 해저드는 공이 떨어진 자리에서 드롭을 하니 공이 날아간 거리를 인정해준다. 따라서 해저드 티로 이동한 거리는 타수에 넣지 않아 3타째가 된다.

보기골퍼란 파5는 3온, 파4는 2온, 그리고 파3는 원온을 가정으로, 퍼팅을 두 번 하면 보기다. 72타+18=90타 이것이 보기골퍼. 보기골퍼가 되려면, 버디를 잡는 홀이 있어야, 더블보기 등을 만회한다. 쓰리플 보기를 한 번이라도 하면 대단히 어렵게 된다. 보기골퍼란 생각보다 쉽지 않은 목표다.

양 발끝을 착지점과 평행이 되도록 에이밍이 되면, 반드시 목표지점을 바라본 후, 공을 보고 샷을 해야 한다. 거꾸로 피해가야 할, 해저드와 벙커를 한 두 번 바라보면 공이 그쪽으로 간다. 시선이 몸을 조종한다. 아울러 왼팔은 어드레스 때 유연성을 갖기보다 스윙의 반지름이니 팔목이 펴진 상태라야 한다. 유연성 있게 어드레스하면 다운스윙 때 뒤땅의 소지가 있다.

어드레스가 되었으면 연습처럼 하나둘 리듬으로 바로 스윙을 해야 한다. 여러 생각과 어드레스 상태로 시간이 지체하는 경우 대개 미스샷이다. 더 멀리 치기 위한 몸부림은 적절한 클럽을 선택하는 것으로 완벽하다. 더 힘을 주거나 더 스피드를 높이는 것이 오히려 미스샷 원인이 된다.

첫날이니 더블보기를 목표로 하라. 샷이 편해지며 경직되지 않는다. 스윙을 제대로 연습하고 임했다 해도, 3~4홀은 정신이 없을 것이나, 책의 4주 논리를 제대로 연습한 경우, 더블보기는 어려운 목표가 아니다. 매홀 3퍼팅을 가정해도, 각 홀의 파에서 1개 차로 온그린하면 된다. 연습이 제대로 된 경우, 티샷과 유틸리티, 그리고 아이언 등은 홀을 거듭하며 자신감이 붙게 된다. 보기나 기적처럼 파가 섞이면 더 쉬워진다. 머리 올리는 스코어가 더블보기라면 대단한 성공이다. 우드는 첫 필드에서는 사용하지 않는 것이 좋다. 잔디에 퉁기며 공 위를 맞을 확률이 높은 어려운 클럽이다.

공이 벙커에 들어가면, 공과 가장 가까운 쪽으로 들어가 모래를 밟고, 들어가기 전에 모래를 정리할 도구를 그쪽으로 이동해두고 샷을 한다. 거꾸로 나오며 바로 정리가 된다. 어느 경우에도 본인의 발자국은 스스로 정리한다.

온그린이 되었을 때 그린 위에서, 상대방의 퍼팅 라인을 밟은 것은 치명적 실수다. 설령 별 의미가 없을 정도라 해도, 모욕으로 받아들일 수 있는 사항이니 가장 주의해야 한다. 물론 비기너는 한두 번 실수할 수 있다. 퍼팅도 그린에서 가장 멀리 있는 사람이 먼저 친다. 원칙상 어프로치샷이 남은 경우 온그린 될 때까지 그린에 올라가면 안 된다. 볼마크가 퍼팅 라인에 있게 되고 상대가 희망하면, 가까운 사람이 먼저 퍼팅을 할 수 있다.

간혹 파3 홀의 경우, 티샷을 한 후, 이동하는 동안 뒤 팀도 티샷을 할 때가 있다. 뒤 팀이 티샷을 마치면 그린은 양팀의 공이 있지만 건드리지 않고 자기들 공으로 퍼팅을 하고 빠지는, 즉 이동과 퍼팅에 걸리는 시간을 단축하려는 골프장 입장의 방식이다. 이때는 앞뒤 팀이 샷 결과를 지켜보는 갤러리가 된다.

카트로 이동 시 항상 방심은 금물이다. 경사가 심할 수도 있고, 속도가 불안정할 수도 있음에, 안정된 자세로 몸을 정확하게 의지해야 한다.

본인의 분실 공은 천천히 눈으로 살핀 후, 없으면 바로 포기해야 한다. 아울러 내 코스에 공이 떨어져 있는 것은, 옆 라인 골퍼 것일 가능성이 크다. 호주머니에 넣으면, 돌아서 홀을 지나며 찾는 주인에게 민망할 수가 있다. 분실 공은 캐디에게 물어보고 챙겨도 무방하다. 같은 팀의 공이 같은 경우 반드시 표식을 해야 혼돈을 막을 수 있다.

끝으로 현금을 준비하는 것이 좋다. 유난히 골프는 내기를 많이 한다. 필자는 혼란스럽고, 대화도 지장을 주며, 결국 다 돌려주고, 기껏 캐디피 정도 정산하는 것을 왜 하는지 모르나 분위기는 따라가는 것이 사회생활이다. 비기너가 포함된 내기의 결과로 획득한 돈은, 식사 수준의 부담이라면, 초보를 온종일 배려한 것에 대한 답례로 생각할 수 있으나, 그것으로 본인의 그린피를 계산하거나, 도박처럼 호주머니에 넣어버리면, 골프뿐 아니라 인연을 계속 가져갈 것인지 심각하게 고민해야 한다.

모든 경기를 마치면, 캐디를 도와 클럽을 정리한다. 캐디는 정리된 클럽을 캐디백을 닫지 않고, 촬영을 한다. 행여나 분실된 클럽이 발생하면, 증거로 남기기 위함이다. 이때 캐디피가 지급된다. 아울러 골퍼끼리도 클럽을 바꾸어 놓는 경우도 더러 발생한다. 캐디백을 닫고 주차장으로 가면, 라커에서 들고 나왔던 본인들의 차 키로 트렁크를 개방하여 카트가 돌아가는 순서대로 싣는다.
에어로 신발에 묻거나 징에 박힌 잔디를 불어내고, 옷도 털어내고 클럽하우스로 들어간다.

라커룸 내부에서 샤워를 하고, 땀에 젖은 옷을 갈아입는다. 라커룸이 워낙 넓고 생경하지만, 팬티차림으로 샤워장을 다녀올 수밖에 없다. 옷을 다 들고 다니는 수고를 하기도 어렵다. 중요 부위를 다 드러내고 다녀도, 마땅히 매너스가 부족하다고 할 수도 없다.

클럽하우스에서 식사를 할 수도 있다. 마치고 프런트에서 정산을 한다. 정산 전 후 스코어 카드를 출력한다. 출력은 당연히 어렵지는 않으나 골프장마다 사용법이 다르고, 라커 번호나 카트 번호를 입력하는 경우도 있으니, 스코어 카드 출력을 희망할 때는 캐디에게 해당 골프장 방식을 물어봐야 한다.

5. 머리 올리기 적정한 환경

막역한 친구, 가족이나 친척, 같은 아파트단지의 동호회 성격 등이면 너무나 좋은 환경에서 시작을 하는 것이다. 자신이 골프로 접대받는 사람이, 네 명을 맞추기 위한 구색으로, 아직 준비도 안 된 사람을, 서둘러 머리를 올리자고 함 사양해야 한다. 물론 머리 올려주는 사람이 그린피와 카트피를 부담해준다면 환영이다. 그러나 자비로 임하면서, 그들만의 리그 같은 분위기에 섞이면, 첫 경험이 낭패가 될 수 있다.

머리를 올려준다, 네 머리를 올려준다, 과거 남존여비 시절, 전통결혼에서 여성이 머리를 올려 꾸미는 것에서 유래한 모양이나, 크게 의미를 둘 것은 없고, 머리를 올려준다고 말한 사람이, 비기너의 그린피와 카트피를 부담하는 것이 좋다고 본다. 답례로 식사를 사면 될 것이다.

머리 올린 날의 골프장은 생각보다 오랜 시간 영향을 준다. 보기골퍼를 지나 싱글로 가는 분들은 집중력도 좋고, 코스에서 핸디를 줄이기에 여념이 없지만, 초보들일수록 풍광이나 골프장 환경에 관심이 많다. 아울러 코스도 비교적 초보가 쉽게 칠 수 있도록, 굴곡이 심하지 않아야 한다. 워터해저드가 많으면 비기너는 공을 분실하는 숫자가 더 많아질 것이다.

풍광이 좋고 비교적 코스가 평이한 골프장으로 검색하고, 비교적 가까운 곳을 선택해서 가이드하면 되나, 지역별 편차도 고려해야 한다. 예로 춘천 주변의 골프장은 호수가 많은 탓인지, 오전 내내 안개가 걷히지 않아 그린이 안 보이는 경우가 많다. 이런 환경에서 머리를 올린다면 상처로 남을 것이다. 서해안 바닷가 쪽은 계절별로 바람이 극심하고, 그린 위에 모래가 반인 경우도 있다. 산악지형이면 계곡을 따라 골프장을 건설하니, 코스 전체가 굴곡이 극심하고, 파주 이북은 동절기가 빨리 오고 늦게 끝나며 뜻하지 않은 빙판 코스를 경험 할 수도 있다. 페어웨이 관리가 잘된 곳을 물어서 부킹하는 것이 좋다.

이런 지역 특성까지 모두 고려해서 첫 필드를 경험하는 골프장을 결정한다는 것은 현실적이지 않지만, 비기너에게는 하나의 참고로 알고 있으면 도움이 될 것이다.

대한민국이 선진국으로 발돋움하며 고소득시대에 접어들었지만, 그만큼 해야 할 것도 많아지고 쓸 것도 많아졌다. 골프가 대중화된 것은 어쩌면 스크린 게임 덕이고 또 스크린 골프를 말함이 맞을 것이다. 그러나 필드는 코로나로 해외골프가 어려워지며, 골프 치기 좋은 계절에는, 이동하는 경비포함 인당 40만 원 가까이 소요된다. 아울러 시간이 소요되고, 팀이 구성될 분들이 있어야 한다.

특정 골프장의 회원관리 등 특권층을 위한 영역은 있지만, 누구나 골프를 즐길 수 있을 만큼 국력도 성장하였으니, 담담한 마음으로 임하면 된다. 한국의 여자골프가 LPGA를 주름잡을 만큼 선전하는 상황으로, 골프로 후진국도 아닌바, 아마추어 골프강습이 최소한 입문자를 모욕하는 수준은 사라져야 한다고 본다. 그저 땅이 넓은 나라에서 마구 휘두르며 배울 수 있는 환경이 못 되고 보면, 독학이 아닌 강습을 희망할 경우, 커리큘럼이 제시되고, 강사라이선스 제도 등이 구축되어 누구나 골프를 쉽게 접근할 수 있는 환경이 조성되길 기원하는 바이다.

4주 완성
독학골프

저자   이달호

펴낸곳   도서출판 惣絪圓(홀인원)

주소   경기도 김포시 김포한강2로 103

등록   2022년 6월 13일 제409-2022-000034호

전자우편   focus46@daum.net

인쇄   동호커뮤니케이션

2022년 6월 20일 1판 1쇄

ISBN 979-11-979197-0-1(03690)

값 18,000원